TÉCNICAS GESTÁLTICAS
COSTURANDO A PRÁTICA

Editora Appris Ltda.
1.ª Edição - Copyright© 2025 dos autores
Direitos de Edição Reservados à Editora Appris Ltda.

Nenhuma parte desta obra poderá ser utilizada indevidamente, sem estar de acordo com a Lei n° 9.610/98. Se incorreções forem encontradas, serão de exclusiva responsabilidade de seus organizadores. Foi realizado o Depósito Legal na Fundação Biblioteca Nacional, de acordo com as Leis n°s 10.994, de 14/12/2004, e 12.192, de 14/01/2010.

Catalogação na Fonte
Elaborado por: Josefina A. S. Guedes
Bibliotecária CRB 9/870

O482t
2025

Oliveira, Farah, Eliane de
  Técnicas gestálticas: costurando a prática / Eliane de Oliveira Farah. –
1. ed. – Curitiba: Appris, 2025.
  183 p. ; 23 cm. – (Multidisciplinaridade em saúde e humanidades).

  Inclui bibliografia.
  ISBN 978-65-250-7772-7

  1. Psicologia clínica. 2. Gestalt-terapia. 3. Psicoterapia. I. Título. II. Série.

CDD – 616.89

Livro de acordo com a normalização técnica da ABNT

Appris editorial

Editora e Livraria Appris Ltda.
Av. Manoel Ribas, 2265 – Mercês
Curitiba/PR – CEP: 80810-002
Tel. (41) 3156 - 4731
www.editoraappris.com.br

Printed in Brazil
Impresso no Brasil

Eliane de Oliveira Farah

TÉCNICAS GESTÁLTICAS
COSTURANDO A PRÁTICA

Appris
editora

Curitiba, PR
2025

FICHA TÉCNICA

EDITORIAL	Augusto Coelho
	Sara C. de Andrade Coelho
COMITÊ EDITORIAL E CONSULTORIAS	Ana El Achkar (Universo/RJ)
	Andréa Barbosa Gouveia (UFPR)
	Antonio Evangelista de Souza Netto (PUC-SP)
	Belinda Cunha (UFPB)
	Délton Winter de Carvalho (FMP)
	Edson da Silva (UFVJM)
	Eliete Correia dos Santos (UEPB)
	Erineu Foerste (Ufes)
	Fabiano Santos (UERJ-IESP)
	Francinete Fernandes de Sousa (UEPB)
	Francisco Carlos Duarte (PUCPR)
	Francisco de Assis (Fiam-Faam-SP-Brasil)
	Gláucia Figueiredo (UNIPAMPA/ UDELAR)
	Jacques de Lima Ferreira (UNOESC)
	Jean Carlos Gonçalves (UFPR)
	José Wálter Nunes (UnB)
	Junia de Vilhena (PUC-RIO)
	Lucas Mesquita (UNILA)
	Márcia Gonçalves (Unitau)
	Maria Margarida de Andrade (Umack)
	Marilda A. Behrens (PUCPR)
	Marília Andrade Torales Campos (UFPR)
	Marli C. de Andrade
	Patrícia L. Torres (PUCPR)
	Paula Costa Mosca Macedo (UNIFESP)
	Ramon Blanco (UNILA)
	Roberta Ecleide Kelly (NEPE)
	Roque Ismael da Costa Güllich (UFFS)
	Sergio Gomes (UFRJ)
	Tiago Gagliano Pinto Alberto (PUCPR)
	Toni Reis (UP)
	Valdomiro de Oliveira (UFPR)
SUPERVISORA EDITORIAL	Renata C. Lopes
PRODUÇÃO EDITORIAL	Bruna Holmen
REVISÃO	José Ramos Junior
DIAGRAMAÇÃO	Andrezza Libel
CAPA	Lívia Costa
REVISÃO DE PROVA	Ana Castro

COMITÊ CIENTÍFICO DA COLEÇÃO MULTIDISCIPLINARIDADES EM SAÚDE E HUMANIDADES

DIREÇÃO CIENTÍFICA	Dr.ª Márcia Gonçalves (Unitau)
CONSULTORES	Lilian Dias Bernardo (IFRJ)
	Taiuani Marquine Raymundo (UFPR)
	Tatiana Barcelos Pontes (UNB)
	Janaína Doria Líbano Soares (IFRJ)
	Rubens Reimao (USP)
	Edson Marques (Unioeste)
	Maria Cristina Marcucci Ribeiro (Unian-SP)
	Maria Helena Zamora (PUC-Rio)
	Aidecivaldo Fernandes de Jesus (FEPI)
	Zaida Aurora Geraldes (Famerp)

Aos meus pais, Josaphat e Dyla, e ao meu irmão Evandro, imortais enquanto eu respirar.

Ao meu marido, Emílio, meu grande companheiro. Aos meus filhos, Ana Carolina e Rafael, as luzes dos meus olhos. Para Victor, Henrique, Glaucia e Erika, filhos que a vida me deu.

AGRADECIMENTOS

Meus agradecimentos a Rodrigo Bastos, pela gentileza na elaboração do prefácio deste livro, e a Mabel Pereira, pela revisão teórica. Agradeço também a Cristina Ferreira, minha fiel escudeira; a Rodrigo Nicolau, pela valiosa contribuição no conteúdo deste texto; e a toda a coordenação do Contato: Núcleo de Estudos e Aplicação da Gestalt-Terapia.

Um agradecimento mais do que especial aos meus ex-alunos da graduação, alunos e ex-alunos do Contato, os seus e os meus pacientes, pois sem eles este livro jamais seria possível.

Sou feita de retalhos.
Pedacinhos coloridos de cada vida que passa pela minha e que vou costurando na alma.
Nem sempre bonitos, nem sempre felizes, mas me acrescentam e me fazem ser quem eu sou.
Em cada encontro, em cada contato, vou ficando maior...
Em cada retalho, uma vida, uma lição, um carinho, uma saudade...
Que me tornam mais pessoa, mais humana, mais completa.

E penso que é assim mesmo que a vida se faz: de pedaços de outras gentes que vão se tornando parte da gente também.
E a melhor parte é que nunca estaremos prontos, finalizados...
Haverá sempre um retalho novo para adicionar a alma.

Portanto, obrigada a cada um de vocês, que fazem parte da minha vida e que me permitem engrandecer minha história com os retalhos deixados em mim. Que eu também possa deixar pedacinhos de mim pelos caminhos e que eles possam ser parte das suas histórias.

E que assim, de retalho em retalho, possamos nos tornar, um dia, um imenso bordado de "nós".

(Cris Pizzimenti)

APRESENTAÇÃO

Desde que O. Stevens (1988) publicou o livro *Tornar-se presente*, pareceu que, dada a grande variedade de experimentos descritos, não havia mais o que ser dito sobre o assunto em gestalt-terapia (GT).

O que justificaria, então, um novo título?

Ter começado a minha vida profissional como professora do ensino fundamental em muito me ajudou no trabalho como supervisora de estágio. Não me foi difícil perceber a dificuldade dos terapeutas iniciantes em transferir o conhecimento teórico para a prática clínica. Certamente, também, contribuiu para isso a minha própria experiência como terapeuta iniciante, observando os mestres com interesse e admiração, mas me sentindo incapaz de alcançar tal maestria.

Parecia haver um abismo entre o entendimento do conceito e sua aplicação. Tornou-se uma constante observar a ansiedade dos novatos, grau dez nas avaliações teóricas e "congelados" diante dos pacientes. Havia sempre alguma pergunta no ar, ainda que não expressa: "No que eu devo prestar atenção?", "Como eu 'puxo' as informações do paciente?", "Quando e como fazer intervenções?", "Onde exatamente a teoria se aplica à prática?", "Em qual situação se aplica esse ou aquele conceito?", "Estou praticando GT ou outra abordagem?".

Tentando muitas formas de suprir essa dificuldade, percebi, aos poucos, que enfatizar o processo evitando conceituá-lo produzia um entendimento mais fácil e tornava a introdução posterior dos conceitos mais compreensível e segura.

Primeiramente comecei lembrando que cada abordagem, de acordo com seus pressupostos e objetivos, possui um foco de observação, o que, no caso da GT, são as formas de o paciente interagir com os outros, como vê a si mesmo e aos demais.

Sobre o "puxar" informações do paciente, costumo dizer que a terapia não pode funcionar como "saca-rolhas", arrancando algo do paciente como se ele estivesse se negando a oferecer aquilo que vai resolver seu problema. Se o terapeuta precisa puxar algo é porque não está conseguindo prestar atenção ao que o paciente traz, na fala, nos movimentos, nas atitudes, nos gestos, nas suas incongruências.

As intervenções e as aplicações da teoria só serão possíveis quando o terapeuta desenvolver sua capacidade de observar atentamente o paciente e, principalmente, desistir de encaixá-lo nas suas expectativas de desempenho, pois quando o paciente não atende tais expectativas o terapeuta pode enxergá-lo como um inimigo e/ou a si mesmo como incompetente.

É preciso que o terapeuta iniciante consiga entender que um dos méritos da GT é transformar os aspectos observados por qualquer pessoa interessada em outra em elementos relevantes para o trabalho terapêutico.

Antes de utilizar qualquer técnica é preciso entender a sua finalidade em GT, no que nos deteremos posteriormente.

Assim, propositalmente, começo o trabalho com o terapeuta iniciante omitindo os conceitos e enfatizando sua observação do paciente.

Apesar disso, é fundamental, para uma boa utilização deste texto, que o terapeuta possua um conhecimento básico prévio dos conceitos da GT, uma vez que ele tem como proposta auxiliar nos primeiros passos da prática.

A bibliografia disponível em GT possui vasta explanação da definição de seus conceitos, bem como das bases filosóficas que os sustentam, de modo que minha proposta não é a de um trabalho que reproduza ou substitua outras obras, ao contrário, considero imprescindível que o leitor busque aprofundamento teórico.

Desse modo, neste texto, as referências dos diversos teóricos da GT serão limitadas às citações ilustrativas e não terão como objetivo a sustentação teórica do texto.

Também é fundamental que as técnicas apresentadas neste livro sejam tomadas como simples sugestões que têm o objetivo de despertar a criatividade do terapeuta e não serem utilizadas como truques ou fórmulas mágicas.

PREFÁCIO

Como pode alguém escrever um livro recheado de saberes acadêmicos, fundamentado em teorias renomadas e estudadas há décadas, carregado de conteúdos "sérios" como psicologia, gestalt-terapia e tantas outras sabedorias, e, no meio disso tudo, nos presentear com uma história intitulada "Cu pra Jabuticaba"?

Bem, toda grande obra tem suas peculiaridades, e este livro de Eliane Farah definitivamente não foge à regra.

Mas comecemos do início.

Decidi me tornar gestalt-terapeuta aos 21 anos. Mal sabia o que aquilo significava. Só sabia que gostava daquela gente *esquisita*. Minha tia Neiva, uma gestalt-terapeuta da velha guarda, fazia perguntas estranhas para a família e questionava coisas que pareciam tão óbvias, mas que, em sua boca, ganhavam novos sentidos. Minha primeira professora de gestalt, um dia, subiu numa mesa. Meus colegas a chamaram de louca. Eu, por outro lado, aceitei o convite e subi também. Lá do alto, vi a sala por um ângulo completamente diferente, ri de algumas carecas e percebi detalhes que nunca tinha enxergado.

A verdade é que, com um diploma na mão e vários cursos de final de semana no currículo, eu comecei a trabalhar. E a vida real era bem mais complicada. Quando as pessoas sentavam na minha frente e começavam a falar dos seus problemas, eu simplesmente não sabia o que fazer. No desespero, pensei em ler o *Tornar-se presente*, de O. Stevens, mas ele era o livro "maldito". Muitos professores diziam que, se eu tocasse nele, viraria pedra. Uma espécie de Medusa literária do século XX. Diziam que técnicas não se aprendem em livros, mas no cotidiano, na prática. A questão é que esses conselhos em nada me ajudavam.

Foi aí que, num ato de rebeldia, peguei *Tornar-se presente*. Para minha surpresa, não virei pedra. O que encontrei foi uma série de exercícios e jogos que me auxiliaram a sair do plano mental e ir para a ação. Eles me inspiraram.

E por que estou dizendo isso? É porque este livro, *Técnicas gestálticas: costurando a prática*, da minha amiga, ousada e rebelde, Eliane Farah, como o próprio nome diz, é um tratado de técnicas na prática em gestalt-terapia.

E não se trata de uma publicação qualquer. Aqui, Eliane nos conduz profundamente a um campo de ação clínica da experimentação, muitas vezes negligenciada no ensino deste ofício para nossos alunos. Se a gestalt-terapia quer sobreviver e continuar relevante, como alertava Joseph Zinker, ela precisa se manter viva na experiência, no teste, no erro, na descoberta constante. E é exatamente isso que Eliane nos entrega: um material que não apenas ensina, mas convida o terapeuta a se arriscar e criar.

Esse é um verdadeiro laboratório terapêutico. Primeiro, Eliane nos dá uma base teórica — um mapa antes de entrarmos na floresta. Mas não pense que esse é um daqueles mapas cheios de setas fixas e caminhos engessados. A teoria aqui é um ponto de partida, um trampolim para o mergulho da experiência.

Ao longo do livro, você encontrará propostas de experimentação terapêutica voltadas para o refinamento do contato, auxiliando no reconhecimento e no manejo das interrupções que ocorrem ao longo do ciclo gestáltico. Esses exercícios possibilitam não apenas a ampliação da *awareness*, mas também a ressignificação de padrões de percepção rígidos, promovendo um engajamento mais autêntico e integrado com a experiência presente.

Trata-se de exercícios diretos e profundos. Aqui, somos convidados a perceber e questionar padrões de comportamento que limitam nossas escolhas, além da possibilidade de reconhecer crenças distorcidas sobre nossa identidade e autovalor. Um convite para olhar nossas feridas que, devido ao hiato histórico de 37 anos desde o lançamento do livro de Stevens, careciam de um repertório atualizado de experimentação gestáltica. Eliane, uma profissional que também é história viva da abordagem gestáltica no Brasil, preenche essa lacuna para nós.

Ela compreende que a vivência terapêutica precisa ser experimentada no corpo. Afinal, a gestalt-terapia tem raízes na arte. Fritz Perls, influenciado pela Bauhaus e pelo expressionismo alemão, trouxe para a terapia a importância da experiência direta e da dramatização das emoções, originando, por exemplo, o método da cadeira vazia. Laura Perls, por sua vez, trouxe a influência da música e do movimento. Estudou com Émile Jaques-Dalcroze, criador da Euritmia, que integra corpo e ritmo para ampliar a percepção. Sua conexão com Paul Tillich, que via a arte como um caminho para o ser, reforça a ideia de que o contato precisa ser vivido, não apenas analisado.

E esse é o espírito que essa autora resgata neste livro. O que encontramos aqui não é apenas um conjunto de técnicas, é um convite para transformar a terapia em um espaço vivo, dinâmico, criativo e cheio de graça.

Se há algo que Eliane nos ensina é que a terapia não precisa ser um caminho árido e metódico, ela pode ser um espaço de criatividade, presença e autenticidade.

Então, se você está segurando este livro, já aviso: você não vai cair na maldição da "Medusa", mesmo que "Mea-dúzia" de pessoas te digam isso. Segundo, não tente apenas entender este livro. Experimente. Se permita rir de si mesmo. Teste o que faz sentido. E, principalmente, não tenha medo de cuspir algumas jabuticabas grandes ou outros caroços maiores pelo caminho. Porque, afinal, entrar é fácil, mas sair... ah, sair sempre tem um preço, e Eliane vai te contar por quê.

Boa leitura.

Rodrigo Bastos
Gestalt-terapeuta e palhaço

SUMÁRIO

INTRODUÇÃO.. 19

1
PRIMEIRAS PALAVRAS... 23
   1.1 O QUE É PRECISO VER?... 23
   1.2 INSERINDO OS CONCEITOS 24
   1.3 AS QUEIXAS DO CLIENTE.. 25
   1.4 UMA BREVÍSSIMA HISTÓRIA DAS INTERRUPÇÕES DISFUNCIONAIS OU NEUROSE... 26
   1.5 O MÉTODO FENOMENOLÓGICO — EXPERIMENTANDO AQUI AGORA 28
   1.6 NÃO ESQUECER AO INTERVIR...31
   1.7 COMO E QUANDO INTERVIR 32

2
PERCORRENDO O CICLO.. 35
   2.1 INTROJEÇÃO 36
      2.1.1 Experimentos para introjeção 37
   2.2 PROJEÇÃO 47
      2.2.1 Experimentos para projeção 48
   2.3 RETROFLEXÃO 66
      2.3.1 Experimentos para retroflexão... 68
         2.3.1.1 O cliente fala sobre os eventos, mas não consegue nomear sensações ou sentimentos com clareza 68
         2.3.1.2 O cliente traz um sentimento 70
         2.3.1.3 O cliente traz uma tensão que interfere na sua postura corporal...............71
   2.4 PROFLEXÃO 71
      2.4.1 Experimentos para proflexão 73
   2.5 DEFLEXÃO 78
      2.5.1 Experimentos para deflexão... 80
         2.5.1.1 Perceber que deflete 80
         2.5.1.2 Experimentar a deflexão 82
   2.6 CONFLUÊNCIA 83
      2.6.1 Experimentos para confluência 85

2.7 EGOTISMO.. 87
    2.7.1 Experimentos para egotismo............................. 89
2.8 DESSENSIBILIZAÇÃO.. 90
    2.8.1 Experimentos para dessensibilização.................... 92

3
FECHANDO A GESTALT... 101
    3.1 EXPERIMENTOS PARA FECHAMENTO DE GESTALTEN............... 103

4
REPARAÇÃO.. 107
    4.1 EXPERIMENTOS DE REPARAÇÃO............................... 109

5
CONFLITOS E POLARIDADES.................................... 113
    5.1 EXPERIMENTOS PARA CONFLITOS E POLARIDADES............... 114

6
SONHOS... 121
    6.1 EXPERIMENTOS PARA SONHOS................................ 123

7
RECURSOS PARA REFLEXÃO..................................... 129
    7.1 EXPERIMENTOS PARA REFLEXÃO.............................. 130

8
RECURSOS PROJETIVOS.. 135

9
GOTAS DE EXPERIMENTO....................................... 163

10
FRASES DE EFEITO... 177

11
LIVROS... 179

REFERÊNCIAS... 181

INTRODUÇÃO

O livro *Tornar-se presente*, de O. Stevens (1988), foi, durante muitos anos, uma obra fundamental e amplamente reconhecida como a principal referência sobre experimentos dentro da gestalt-terapia (GT). Esse trabalho estabeleceu um marco importante para o entendimento e a aplicação dos experimentos nessa abordagem terapêutica.

Um capítulo específico sobre o conceito de experimento pode ser encontrado na obra de Polster e Polster (2001), em que defendem a importância do experimento como uma estratégia crucial no tratamento terapêutico. Eles sugerem que o experimento funciona como um antídoto para a tendência dos pacientes de "falar sobre" os seus problemas. Essa expressão faz referência ao hábito de relatar fatos e experiências sem, no entanto, se apropriar das sensações e sentimentos reais que esses fatos evocam. Neste sentido, o experimento propõe uma vivência mais direta e imersiva das emoções e experiências, permitindo que o paciente se reconecte com o que está sentindo. Nesse mesmo capítulo, os autores também discutem algumas das técnicas clássicas da GT, como a "cadeira vazia" e a "viagem de fantasia", que são recursos famosos na abordagem gestáltica.

Além disso, Zinker (2007) também oferece uma valiosa contribuição sobre o experimento, considerando-o fundamental para o aprendizado experiencial, característico da terapia gestáltica. Em seu trabalho, Zinker descreve minuciosamente as etapas e os critérios necessários para elaborar um experimento eficaz, reforçando a importância de se construir a terapia a partir das vivências do paciente. Essa abordagem visa à promoção de uma experiência direta, que permite ao paciente uma percepção mais clara de suas emoções, pensamentos e comportamentos.

Muitos outros livros podem ser citados e, embora não discutam diretamente o conceito de experimento, oferecem exemplos práticos de experimentos aplicados em diferentes contextos, ou artigos que exploram o tema. Acredito que esses exemplos já ilustram de forma significativa o caráter essencial do experimento na GT. No entanto, esses textos adicionais não acrescentariam novos elementos ao propósito principal deste trabalho.

Em relação às técnicas, posso destacar o trabalho de Naranjo (2006), que classifica as técnicas gestálticas em três tipos: supressivas, projetivas e integrativas. Esta classificação foi posteriormente retomada por Carabelli (2013), que a utiliza em seu próprio estudo, oferecendo também uma apresentação de diversos experimentos terapêuticos. Naranjo, em particular, enfoca a importância de cada tipo de técnica dentro do contexto terapêutico e como elas podem contribuir para o desenvolvimento do processo de autoconhecimento. Outro exemplo é o guia prático de técnicas elaborado por Bello (2014), que serve como uma referência útil para terapeutas que buscam explorar diferentes recursos dentro da GT.

Até este ponto, tenho repetido as palavras "experimento" e "técnicas" de maneira recorrente, o que pode levar à impressão de que estou tratando esses dois conceitos como sinônimos, o que, na verdade, não é o caso. O experimento é uma ação terapêutica que oferece ao paciente a oportunidade de perceber suas sensações, sentimentos, pensamentos e compreender o significado de suas próprias ações. Já as técnicas são os recursos utilizados para viabilizar e facilitar o experimento. Elas servem como ferramentas para que o terapeuta e o paciente possam realizar a experiência de forma prática.

O desenvolvimento de um experimento exige fidelidade ao método fenomenológico, que prioriza a experiência vivida e a percepção do paciente. Segundo a GT, a essência de um fenômeno só pode ser plenamente compreendida quando é vivenciada pela pessoa que a experimenta. As técnicas são, portanto, ferramentas que o terapeuta utiliza para tornar o experimento uma experiência concreta. As técnicas não devem ser usadas apenas para preencher um vazio na relação terapêutica, nem como um recurso para impressionar o paciente ou demonstrar como a abordagem é "estimulante". Elas também não devem ser usadas quando o terapeuta se sente perdido e sem saber o que fazer em meio ao modo caótico em que as vezes se apresenta o relato ou comportamento do paciente. O verdadeiro valor terapêutico reside na relação dialógica entre terapeuta e paciente, na presença genuína de ambos e na disponibilidade de ouvir e ser ouvido, promovendo uma escuta ativa e profunda, tanto por parte do terapeuta quanto do paciente.

O título deste livro, que inclui o termo "técnicas" e não "experimentos", segue a lógica de ser fiel aos princípios da GT, que adverte que o experimento deve surgir espontaneamente da relação dialógica entre terapeuta e paciente, sendo uma construção compartilhada. Neste livro, quando apresento uma técnica e exemplifico sua utilização em um caso terapêutico específico, estou, na verdade, relatando um experimento.

Contudo, se a técnica é retirada do contexto da relação terapêutica, ela se torna apenas um recurso isolado e sem a carga transformadora do experimento. A proposta deste livro é que todas as técnicas descritas sejam utilizadas dentro do contexto de um experimento, isto é, que elas sejam aplicadas ao processo terapêutico singular de cada paciente.

Uma das grandes inovações que este livro propõe é a apresentação de cada técnica terapêutica a partir de um caso clínico específico, o que possibilita que as técnicas sejam analisadas dentro de um contexto circunstancial. Essa abordagem não só promove uma compreensão mais profunda da singularidade do experimento, mas também incentiva a criatividade do terapeuta para desenvolver seus próprios recursos técnicos. Dessa forma, ao apresentar um amplo leque de recursos, o livro busca auxiliar os profissionais da GT a perceberem a flexibilidade e a personalização necessárias para o atendimento às demandas dos pacientes.

Vale ressaltar que o tema do experimento e das técnicas não é um consenso entre todos os gestalt-terapeutas. Alguns profissionais podem ver o uso dessas técnicas como uma forma de violação da "pureza" teórica da abordagem. Contudo, é importante reconhecer que não é o uso de técnicas em si que define a GT, mas a forma como elas são utilizadas dentro de uma fundamentação filosófica coerente com os princípios da abordagem. O uso irresponsável ou descontextualizado das técnicas pode, sim, levar a práticas equivocadas ou até prejudiciais, mas isso não deve invalidar a eficácia das técnicas como um recurso poderoso. Desprezar as técnicas devido ao seu uso inadequado seria o mesmo que "jogar fora a criança junto com a água suja do banho". Ou seja, é um erro afastar-se de algo valioso apenas por causa de seu uso impróprio em determinados contextos.

Na realidade, embora a GT tenha desenvolvido poucos recursos em termos de técnicas, a sua eficácia e a frequência com que são aplicadas na prática terapêutica têm sido tão evidentes que outras abordagens terapêuticas as têm adaptado e utilizado, renomeando-as de acordo com suas próprias práticas. Isso demonstra, de forma irônica, a relevância e a eficácia das técnicas gestálticas, que, embora sejam simples e poucas, são extremamente poderosas quando bem aplicadas dentro do contexto da GT.

Essa reflexão sobre o uso de experimentos e técnicas na GT sublinha a importância da relação terapêutica autêntica e do foco na experiência vivida, que são essenciais para o sucesso do processo terapêutico.

PRIMEIRAS PALAVRAS

1.1 O QUE É PRECISO VER?

Primeiramente, é preciso ensinar que "ver" o cliente inclui: ver, ouvir, tocar, cheirar, saborear, movimentar-se e falar. Isso inclui um constante e profundo processo de aprendizagem e aperfeiçoamento das próprias funções de contato.

Aprender a ver significa prestar atenção no que se destaca objetivamente no comportamento do cliente e subjetivamente na atitude frente à vida revelada em seus relatos.

Aprender a ouvir objetivamente o conteúdo do que o cliente diz bem como atentar para as nuances qualitativas da voz como volume, timbre, ritmo, repetições e interrupções.

Aprender a observar os movimentos do cliente. A sua fluidez ou rigidez corporal, em sua totalidade ou em suas partes. Em termos subjetivos, a elegância ou falta dela no seu caminhar pela vida.

Aprender a sentir o cheiro do perigo e do medo que emana do corpo e dos atos do cliente.

Aprender a falar somente aquilo que for útil para o desenvolvimento da capacidade do cliente de observar a si mesmo e os outros.

E, finalmente, aprender e ensinar o cliente a saborear a vida e discriminar aquilo que dá prazer e é saudável daquilo que pode dar prazer, mas é nocivo.

Além de tudo isso, é preciso ficar atento às metáforas que podem surgir tanto a partir do relato do cliente quanto da imaginação do terapeuta. Uma metáfora do cliente pode se apresentar, por exemplo, quando ele diz sentir-se como um balão de gás prestes a explodir. A mesma imagem pode ser criada pelo terapeuta ao observar o relato do cliente e nesse caso deverá ser compartilhada com ele.

Para isso, é importante que o terapeuta assista a filmes, leia livros, revistas e jornais (não apenas técnicos), assista à TV, conheça lugares diferentes e pessoas com variados modos de viver. Entender uma metáfora é mais ou menos como uma brincadeira de mímica em que não adianta a pessoa saber fazer incríveis movimentos indicativos (cliente) sem que a equipe (terapeuta) tenha cultura suficiente para identificá-los.

A relevância do trabalho com as metáforas diz respeito à possibilidade de traduzir em uma imagem a complexidade de vivências do cliente.

À parte de todas as observações sobre o trabalho específico do terapeuta, é inquestionável a atenção dele sobre a necessidade de o cliente buscar outros profissionais que possam contribuir com suas práticas para o bem-estar do cliente como: médicos das mais diferentes especialidades (psiquiatras, endócrinos, geriatras etc.), fonoaudiólogos, fisioterapeutas, professores de educação física, nutricionistas, e tantos outros.

Já podemos perceber tratar-se de uma tarefa hercúlea, uma vez que essa infinidade de conhecimentos não é adquirida em etapas ou categorias e só pode ocorrer no trabalho direto com cliente.

1.2 INSERINDO OS CONCEITOS

Depois de algum tempo investindo na atenção em si mesmo e no cliente, explorando os cinco sentidos, o movimento e a fala, o terapeuta começa a adquirir alguma autoconfiança. Então chega a hora da inclusão dos conceitos da GT.

O objeto de observação para a GT são as formas de interação da pessoa com ela e com os outros. Isso acontece porque, para essa abordagem, tudo que uma pessoa sente, seja sensação ou sentimento e que faz com que ela experimente o próprio existir, envolve uma interação com algo que está no mundo.

Traduzindo conceitualmente, o *self* em GT é a experiência resultante da interação do organismo com o ambiente. Mais precisamente a experiência do *self* é a vivência dos ajustamentos que o organismo faz na direção do ambiente em busca da satisfação de suas necessidades, quer sejam elas fisiológicas, cognitivas ou afetivas.

Por essa razão é que o conceito de *contato* é basilar para a GT porque tudo que experimentamos como existência ou existente implica um encontro entre um sujeito e um objeto. Desde o momento da fecundação até a morte, a vida acontece por meio dos contatos, entendendo que quando pensamos em duas pessoas se relacionando, uma é o objeto para outra.

> A experiência se dá na fronteira entre o organismo e o ambiente, primordialmente a superfície da pele e os outros órgãos de resposta sensorial e motora. A experiência é função dessa fronteira, e psicologicamente o que é real são as configurações "inteiras" desse funcionar, com a obtenção de algum significado e a conclusão de alguma ação (Perls; Hefferline; Goodman, 1997, p. 41).

Então, se o *self* é a experiência do contato do organismo com o ambiente, do que o organismo se utiliza para estabelecer tal contato? A resposta a essa pergunta são as funções de contato, isto é, os cinco sentidos, o movimento e a fala. E o que existe no ambiente? São as possibilidades para atender às necessidades do organismo.

Desse modo, podemos dizer que trabalhamos na terapia a dinâmica que acontece num campo de forças estabelecido pela relação entre as necessidades da pessoa e as possibilidades de o ambiente atender a tais necessidades. Isso significa que para manter-se autorregulado o organismo deve discriminar o que precisa, onde e como consegui-lo, sendo a dificuldade de estabelecer tais discriminações as razões comumente apontadas para alguém buscar terapia.

1.3 AS QUEIXAS DO CLIENTE

Enquanto continua a infindável tarefa de aperfeiçoar suas funções de contato, o terapeuta precisa observar a queixa do cliente: ele traz um incômodo difuso; não sabe o que quer; diz saber o que quer e não consegue realizar porque não tem forças; age, mas não consegue chegar à satisfação etc.

Essas diferentes queixas nos levam à necessidade de compreensão de um ciclo de contato uma vez que indicam os vários níveis de contato da pessoa com suas sensações e sentimentos, isto é, o grau de *awareness* dessas experiências bem como os passos do processo de contato[1] (consciência — excitação e contato) e diversos mecanismos de bloqueio desse ciclo.

Dito de maneira sucinta, o ciclo de contato é um construto teórico que busca representar o que acontece do momento em que o organismo sai de uma condição de retraimento ao tomar consciência de alguma necessidade e as etapas que sucedem na direção do ambiente em busca da satisfação dessa necessidade (autorregulação), até o retorno ao retraimento.

---

[1] Nesse texto utilizamos como referência o modelo de Ciclo de Contato de Zinker (1979).

Começa com a manifestação de uma sensação ou sentimento e segue com a consciência de uma ou de outro, depois a mobilização de energia para uma ação no ambiente, a ação, a satisfação e a retração do contato que permite que uma nova sensação ou sentimento emerjam, indicando uma nova necessidade do organismo.

Compreender tais etapas do ciclo de contato e suas interrupções nos possibilita a escolha de intervenções mais adequadas para cada situação em particular.

Para a GT, as interrupções de contato podem ser saudáveis à medida que correspondam à retirada de situações nocivas reais e atuais ou podem ser disfuncionais quando se referem à retirada do contato equivocadamente experimentado como nocivo ou a permanência no contato nocivo e vivenciado como benigno.

> Nos termos desses modelos, a meta da Gestalt-Terapia é relativamente simples: toda pessoa deve ser capaz de se tornar plenamente consciente (aware) e agir para a satisfação de suas necessidades. Deve ser capaz de se inserir no ambiente com todas as suas habilidades e recursos a fim de conseguir o que necessita (Zinker, 2007, p. 111).

1.4 UMA BREVÍSSIMA HISTÓRIA DAS INTERRUPÇÕES DISFUNCIONAIS OU NEUROSE

Especialmente na primeira infância, a criança ainda não possui uma capacidade cognitiva que permita avaliar criticamente como os adultos se relacionam com ela, embora associe a eles a segurança de seu bem-estar. Nessa circunstância há uma pequena possibilidade de avaliar se o alimento fisiológico ou psicológico é saudável ou tóxico, só restando muitas vezes experimentar o mal-estar da ingestão do que é nocivo.

A necessidade de a criança sentir-se em segurança torna a proximidade do adulto imperativa para ela, mesmo quando de fato essa segurança não seja concedida pelo adulto. Então a busca da segurança, ainda que o adulto ofereça um alimento tóxico, faz com que a criança comece a desenvolver estratégias para mantê-lo próximo.

Tais estratégias incluem uma série de ações que vão desde o desenvolvimento de crenças sobre si mesmo, sobre os outros e como o mundo funciona, que podem decorrer de experiências realísticas ou fantasiosas, até a simples repetição de comportamentos.

Caso o desenvolvimento dessas estratégias implique a alienação das sensações corporais ou negação de sentimentos, deverá envolver a redução da capacidade de dar-se conta dessas experiências e consequentemente suscitar a dificuldade de reconhecimento de necessidades e dos modos e fontes de satisfação.

Por exemplo, se a criança sente que expressar raiva pode provocar o afastamento do adulto, ela precisará reprimir tal expressão, o que aos poucos irá determinar uma falta de consciência das sensações corporais correspondentes a tal sentimento e consequentemente à falta de consciência da necessidade de expressar tal sentimento. O desconforto continua porque, embora não se tenha consciência da necessidade ela continua existindo e perdura porque a falta de consciência não permite identificar as formas de satisfação.

Dessa forma, a tentativa de ajustamento criador dá origem às interrupções de contato ou às formas disfuncionais de contato.

Se essas estratégias forem bem-sucedidas, isto é, se preservarem a proximidade do adulto, ainda que com isso seja mantida a nutrição tóxica, elas se cristalizarão em um autoconceito distorcido e/ou expectativas irrealistas sobre si mesmo e os outros.

O tempo passa, as relações mudam e a pessoa continua agindo *como se* ainda vivesse no passado, tentando preservar uma "fórmula existencial" que funcionou um dia e que não consegue compreender não funcionar mais no *aqui agora*.

Então, é fundamental o entendimento das formas disfuncionais como esforços para a autorregulação, como tentativas de ajustamento criativo a um mundo perigoso e hostil. Portanto, o erro não está na forma disfuncional que o cliente utiliza em suas relações, o erro está na falta de diferenciação entre o "lá e então" e o "aqui agora".

Desse modo, a tarefa do terapeuta é primeiramente ajudar o cliente a prestar atenção no que acontece *aqui agora*, o que faz, o que sente, o que quer, o que está acontecendo agora. Em outras palavras, ampliar a *awareness* do cliente.

É claro que não temos o total controle sobre os eventos de nossas vidas, mas temos o controle sobre nossas escolhas. Mesmo que não possamos mudar essa ou aquela situação, podemos escolher permanecer nela ou escolher o que fazer a partir dela.

1.5 O MÉTODO FENOMENOLÓGICO — EXPERIMENTANDO AQUI AGORA

Como dito anteriormente, o objetivo do trabalho terapêutico da GT é a ampliação de *awareness*.

A terapia não tem o poder de transformar uma pessoa, a mudança nada mais é do que o reconhecimento da forma autêntica de ser, impedida de expressar-se em decorrência da atitude neurótica frente a vida. O trabalho do terapeuta é o de facilitar o processo do cliente de dar-se conta, aqui-agora de como se sente, do que quer, das possibilidades do ambiente atender suas necessidades, bem como o que o impede de responsabilizar-se por sua segurança e bem-estar.

> Se a cada momento você puder verdadeiramente perceber-se e a suas ações em qualquer nível – fantasia, verbal ou físico, poderá ver como está provocando suas próprias dificuldades, poderá ver quais são suas dificuldades presentes e poderá ajudar-se a resolvê-los no presente, no aqui-agora. Cada resolução torna mais fácil a próxima porque cada uma delas aumenta sua autossuficiência (Perls, 1973, p. 75).

A GT utiliza o método fenomenológico que é baseado nos pressupostos de Husserl (apud Bruns, 2007) de que um fenômeno não pode ser estudado por regras gerais ou critérios universais e separado do significado atribuído por um sujeito, isto é, a parte da *intencionalidade da consciência*.

De acordo com a Fenomenologia, os objetos não são criações da consciência nem a consciência é determinada pelos objetos. Todavia não podemos compreender um objeto a parte do significado atribuído pela consciência (intencionalidade) nem compreender a consciência a parte dos objetos aos quais atribui significados. Assim, para a Fenomenologia consciência e objeto são inseparáveis.

Portanto, para a Fenomenologia, o fenômeno só pode ser compreendido tal como se apresenta, como resultado da interação entre consciência intencional e objeto que se dá no aqui-agora. Além disso, dada a subjetividade da consciência e das infinitas possibilidades de apresentação dos objetos, é impossível explicar, isto é, atribuir relações causais ao estudar um fenômeno. O fenômeno se mostra por si mesmo e por essa razão somente pode ser descrito como é proposto pelo método fenomenológico, como a única possibilidade de leitura da realidade. O objeto de estudo da Psicologia passa a ser a *vivência* ou *experiência* vivida e seu objetivo é compreender *como* a subjetividade individual atribui significado aos objetos.

A influência da Fenomenologia apoia o pressuposto básico da GT de que o homem é um ser relacional e isso coloca a relação dialógica numa condição de ser imprescindível para o processo terapêutico.

Hycner (1995) desenvolveu a psicoterapia dialógica baseada na filosofia dialógica de Buber para quem o contato genuíno pressupõe aceitar o outro na sua singularidade, uma comunicação genuína e sem reservas, um esforço para compreender a realidade do outro sem renunciar à própria identidade. Na mesma obra, Hycner propõe uma abordagem dialógica da existência humana expressa numa atitude dialógica na psicoterapia. Ele acredita que a relação terapêutica sustentada pelo diálogo é curativa por si mesma.

Por outro lado, a ênfase da GT na experiência imediata do sentir dá crédito ao experimento como uma proposta de facilitar o processo de ampliação de *awareness*. O experimento é viabilizado pelas técnicas que possuem a finalidade específica de favorecer a *awareness* do cliente sobre o processo que está em curso na sessão terapêutica.

No experimento, o cliente é convidado a transformar em ação, aqui-agora, aquilo que é apenas cognição e, assim, atualizar experiências e possibilidades.

> Esse processo transforma sonhos, fantasias, recordações, reminiscências e esperanças em acontecimentos dinâmicos, fluentes, plenos de vitalidade, envolvendo o cliente e o terapeuta... O consultório se torna um laboratório vivo, um microcosmo em que ele se investiga realisticamente, sem medo de críticas ou rejeição (Zinker, 2007, p. 143).

As técnicas devem ser sempre entendidas como propostas de experimentação e não como tentativas de modificar o comportamento. Podemos perceber um cliente como passivo e achar que seria muito importante que ele deixasse de agir desse modo. Todavia, a sugestão da técnica deve envolver a ampliação da *awareness* dessa atitude, isto é, o terapeuta não investe em tornar o cliente mais ativo e sim em torná-lo cada vez mais consciente dessa forma passiva de interagir.

A ampliação da consciência sobre a atitude e o incômodo que isso causa motiva o cliente a mobilizar energia para mudar, em outras palavras, é o dar-se conta que significa não apenas uma compreensão racional, mas principalmente a vivência dos sentimentos que possibilita o processo de mudança.

Gosto de pensar o processo terapêutico como a montagem de um quebra-cabeças de milhares de peças sem termos uma figura inteira para nos guiar. O diálogo e as técnicas vão ajudando a pessoa a observar a forma e os detalhes de cada peça. Aos poucos o próprio cliente vai reconhecendo e formando pequenas partes que vão se juntando a outras e fazendo surgir uma figura cada vez mais ampla e definida.

As técnicas não são soluções mágicas que produzirão uma *awareness* instantânea do cliente, também não são "saca-rolhas" que "arrancarão" informações aprisionadas no fundo do inconsciente do cliente, quebrando suas resistências.

As técnicas não devem ser usadas para preencher o vazio na relação entre terapeuta e cliente, bem como não devem ser usadas como um efeito pirotécnico que mostrará como a GT é animada ou para quando o terapeuta estiver perdido sem saber o que fazer.

Enfim, nada substitui a relação dialógica, nada pode ser mais importante do que a presença do terapeuta e do cliente, nada pode ser mais importante do que a disponibilidade de ouvir, de ser ouvido e de ouvir a si mesmo, tanto em relação ao cliente quanto em relação ao terapeuta.

Toda proposta de experimento deve considerar a possibilidade de que o indivíduo não "entre" no exercício. O cliente jamais poderá ser obrigado a realizar uma técnica. O máximo que o terapeuta poderá fazer é reforçar suavemente o convite e não insistir quando o cliente tornar a negar-se.

Ele poderá dizer que não consegue se concentrar, que não experimentou nada de especial, que já conhece o exercício, que não vê sentido em tal prática ou simplesmente dormir. Pode fazer uso de estereótipos tais como frases do tipo: "preciso respeitar o meu momento" ou verdadeiras encenações dramáticas.

A conclusão lógica é a de que o cliente está resistindo, evitando o contato, embora tal conclusão por si só não conduza a lugar algum. O que fazer, então? Se o terapeuta resistir à frustração de ver sua proposta não acontecer, poderá, gestalticamente, não se ocupar em rotular tal fato como decorrente da resistência do cliente ou buscar desesperadamente aquilo que o cliente evita contatar.

É preciso que o trabalho fique centrado na forma de evitar que o cliente exibe. Interessa nesse momento o como essa pessoa evita o contato. Pode parecer bobagem, não é? Mas se o sujeito é capaz de discriminar seu modo de evitar, será capaz, em algum momento, de identificar o que evita.

Então, diante da não concretização da técnica, o que deve ser trabalhado é a forma de interrupção que o cliente está utilizando naquele momento, o que provavelmente conduzirá o cliente a um aumento de *awareness*.

É importante que o terapeuta observe o fato de que cada cliente possui um modo próprio de experimentar e isso determina modos bastante diferenciados de intervenção. Não existe intervenção livre de falhas ou ideal, existe a intervenção que favorece a *awareness* do cliente.

1.6 NÃO ESQUECER AO INTERVIR

Como já dito anteriormente, é a intensidade e a maneira de interromper o contato que oferece os parâmetros para as intervenções, desse modo é fundamental que as percepções do cliente sejam descritas à luz de suas sensações e sentimentos. Todavia, nem sempre tais percepções aparecerão como figuras autorreferentes no relato do cliente, podendo surgir como queixas sobre o ambiente.

As interrupções de contato são sustentadas por uma crença que as justifica e pela corrupção de alguma função de contato. Desse modo, é preciso levar em conta que qualquer possibilidade de intervenção deve incluir a investigação das introjeções e das alterações do corpo. Em outras palavras, as dificuldades de estabelecer contatos satisfatórios envolvem as crenças da pessoa sobre si mesma, os outros e o mundo, bem como bloqueios ou distorções nos cinco sentidos, no movimento e na fala.

Também é necessário não perder de vista a noção de Goldstein (1995) de que todo sintoma revela uma busca de autorregulação. Isso implica que não trabalhamos com o objetivo de eliminar os comportamentos que são considerados indesejáveis. É preciso compreender o "para que" da utilização do modo disfuncional de estabelecer contato como tentativa de ajustamento criativo.

Cabe ressaltar que para a GT a compreensão cognitiva não é suficiente para a ampliação de *awareness*, é fundamental estar associada ao dar-se conta das sensações e sentimentos.

1.7 COMO E QUANDO INTERVIR

A proposta inicial do livro é a de percorrer as interrupções do ciclo de contato e embora ele inicie representando a dessensibilização como a disfunção de contato mais severa, deixaremos as propostas de intervenção para essa disfunção para mais adiante exatamente pela profundidade e a sutileza necessárias na utilização das técnicas.

As técnicas apresentadas não são, em sua maioria, exclusivas de uma disfunção de contato específica, a distribuição nessa forma é apenas sugestiva. Cabe ao terapeuta, com sua prática e sensibilidade, a escolha daquela que achar conveniente.

Também é importante frisar que este livro não pretende ser um manual de técnicas, o que seria contraditório com a abordagem da GT. Como dito anteriormente, sua principal proposta é a de fazer despertar a criatividade do terapeuta para que ele, por si mesmo, desenvolva seus próprios recursos.

Cada experimento será ilustrado com a apresentação de um recorte de um caso clínico para facilitar a compreensão da escolha de cada modo de intervenção. Serão utilizados nomes fictícios e alguns dados foram alterados para preservar a identidade dos clientes.

Todos os exercícios de *awareness* em GT cuja proposta for sugerir um experimento ou viagem de fantasia devem ser precedidos de um contato do cliente com seu funcionamento organísmico.

É pedido ao cliente que:

- Feche os olhos.
- Fique atento ao ritmo de sua respiração.
- Procure um ritmo confortável de respiração: nem muito rápido, nem muito lento.
- Como você está se sentindo agora?
- Quais sensações, sentimentos ou necessidades você percebe agora?

Para evitar a repetição desnecessária dessa instrução, haverá um lembrete "Instruções Preliminares" antecedendo aos experimentos.

Cabe assinalar que quando o objetivo do terapeuta for apontar algum aspecto figural durante o relato do cliente, tal orientação poderá ser negativa, uma vez que pode interromper sua expressão. Por exemplo, se o cliente sorri enquanto diz algo triste, o terapeuta deverá apenas apontar essa incongruência porque se pede para ele prestar atenção na respiração, o desviará da experiência relevante que é a incongruência.

PERCORRENDO O CICLO

Vários teóricos de GT apresentam diferentes modelos de ciclo de contato. Desse modo cabe ressaltar que utilizaremos como referência aquele desenvolvido por Zinker (2007):

Figura 1 – Ciclo de contato conforme Zinker (2007)

Fonte: adaptado de Zinker (2007)

O ciclo de contato expõe as diversas etapas percorridas pelo organismo em busca da satisfação de suas necessidades no ambiente. Inclui desde o momento em que o organismo sai da retração em decorrência do surgimento de uma sensação ou sentimento, que prenunciam o aparecimento de uma necessidade, até a mudança desse a partir da realização da busca e consequente retorno à retração.

No ciclo também podem ser apontadas as diversas possibilidades de interrupção causadas pelas disfunções de contato. Entre a retração e o surgimento das sensações, a interrupção acontece pelos processos patológicos da consciência comumente estudados pela medicina; entre o surgimento das sensações e a consciência temos a repressão; entre a consciência da necessidade (*awareness*) e a mobilização de energia temos a introjeção ou a projeção; entre a mobilização de energia e a ação, a retroflexão ou a proflexão; entre a ação e o contato, a deflexão e entre o contato e a retração, o egotismo ou a confluência.

Para começar optei por apresentar os experimentos sobre a Introjeção, deixando intencionalmente a Repressão para apresentar por último uma vez que requer um trabalho fundamentalmente corporal e exigir maior habilidade na condução de experimentos que é o ponto do ciclo em que o indivíduo.

2.1 INTROJEÇÃO

Introjeção é um termo que em GT tem um duplo significado. O primeiro é aquele relacionado a um conceito já conhecido na Psicologia que diz respeito a uma crença definidora dos nossos limites de contato. Avançar em direção ao mundo, recuar ou se opor depende mais do que acreditamos nos ser possível do que as autorizações do ambiente.

O segundo significado é o de que o termo Introjeção nomeia um dos modos de disfunção do contato. Como todas as interrupções de contato são sustentadas pelas crenças que a pessoa desenvolveu sobre ela, sobre os outros e sobre o mundo, podemos dizer que todas as disfunções de contato possuem uma introjeção que as sustenta.

Na infância, em especial, quando não temos a capacidade cognitiva de estabelecer uma avaliação crítica sobre o comportamento e atitude dos adultos em relação a nós, "engolimos sem mastigar", muitas ideias sobre nós que pertencem aos outros. São introjetos que agem sobre nós como uma espécie de voz interior impeditiva ou imperativa.

Em sua forma funcional a introjeção permite a possibilidade de incorporar regras e valores que são importantes para a vida em sociedade. Não causar dano aos outros e ser solidário, por exemplo, são atitudes desenvolvidas a partir de introjeções sobre o que é socialmente desejável. Todavia, sem o desenvolvimento de um senso crítico a introjeção é meramente um alimento engolido sem que seja *mastigado ou degustado* (Perls; Hefferline; Goodman, 1997).

Quando a introjeção nomeia uma interrupção disfuncional de contato, quer dizer que o sujeito mostra uma atitude de passividade indiscriminada diante do mundo. A pessoa desenvolve uma atitude passiva diante do ambiente porque não reconhece suas as próprias necessidades e toma como suas as necessidades do ambiente, ainda que sejam indesejadas.

> O ambiente social contém toda a realidade que existe, e ele se auto constitui identificando-se com os padrões desse ambiente e alienando o que são potencialmente seus pró-

prios padrões. [...]. A satisfação expansiva de introjetar é o masoquismo – a náusea é inibida, os maxilares são forçados a se abrir num sorriso, a pelve é retraída, a respiração contida. O comportamento masoquista é a possibilidade de ajustar o ambiente, de modo criativo, numa estrutura em que infligimos dor a nós próprios com a aprovação de nossas identificações falsas (Perls; Hefferline; Goodman, 1997, p. 254).

Lembrando que Perls (2002) concebe o desenvolvimento da personalidade como similar ao processo digestivo e também à noção de Goldstein (1995), que entende os processos fisiológicos e psicológicos como níveis diferentes do mesmo processo, não seria mera coincidência o fato de que, entre as pessoas que utilizam a introjeção disfuncional como forma peculiar de interação com o mundo, seja muito comum a frequência de problemas do aparelho digestivo. São os "engolidores de sapo".

É muito comum no vocabulário do introjetor[2] as expressões "devo" e "tenho que", o que denuncia sua postura acrítica diante do mundo o que Karen Horney (1974) nomeia como "tirania dos deverias".

Geralmente o introjetor chega à terapia dizendo saber o que deseja, mas não mobiliza energia para a ação, significando que a consciência sobre tal necessidade seja apenas parcial, por exemplo, ela pode ter clareza sobre o desejo de terminar uma relação, mas não reconhecer a necessidade de continuar nela.

O trabalho terapêutico com o introjetor envolve principalmente o desenvolvimento do senso crítico que permitirá que seja capaz de discriminar as próprias necessidades daquelas dos outros o que envolverá saber no que ele acredita para manter-se paralisado ou passivo diante da satisfação de sua necessidade.

2.1.1 Experimentos para introjeção

a. **Atravessar a ponte**

A expectativa, ao propor o experimento, é a de que o cliente se dê conta das introjeções que limitam suas escolhas ou ações.

---

[2] A utilização do termo introjetor, assim como projetor, defletor etc., não é correta do ponto de vista teórico da GT, uma vez que nosso conceito de *self* é de um processo de acordo com nossa base fenomenológica, e tais substantivações passam uma noção de estrutura de personalidade. O certo seria dizer: a pessoa que utiliza a introjeção etc. Justifico o uso da nomenclatura apenas como forma simplificada de redação.

Instruções preliminares

Instruções da técnica

Abra os olhos e fique de pé.

Imagine que você quer atravessar uma ponte.

De um lado da ponte está você agora, desejando algo, sem conseguir.

Do outro lado da ponte você se vê tendo conseguido realizar seu desejo.

Imagine que no meio da ponte existe uma cancela e nela algumas pessoas, que você não distingue quem são, dizem coisas que impedem a sua passagem ao mesmo tempo em que outras vozes incentivam a passagem.

Enquanto você diz: — Eu quero...

As vozes que desanimam dizem: — Você não pode atravessar porque...

As vozes que incentivam dizem: — Você pode atravessar porque...

O que essas vozes dizem?

No caso de terapia individual, enquanto o cliente cita o que as vozes dizem, o terapeuta produz duas listas de igual teor com tais falas, misturando as que desanimam com as que incentivam.

O terapeuta entrega uma relação para o cliente e fica com outra.

Depois o terapeuta convida o cliente para caminharem pela sala.

O cliente começa dizendo: — Eu quero...

Enquanto caminham cada um lê a sua relação de frases.

Nesse momento o cliente lerá a relação das frases de cima para baixo ao mesmo tempo que o terapeuta lerá a mesma lista de baixo para cima.

A leitura simultânea e inversa é proposital para provocar uma sensação de confusão, na tentativa de reproduzir o sentimento provocado pelas várias introjeções.

Quando a lista das razões terminar, retorna-se à mesma afirmativa do desejo do cliente e novamente terapeuta e cliente repetem as falas ainda em ordem simultânea e inversa.

Depois da terceira repetição, o terapeuta pergunta para o cliente qual foi a frase que chamou mais atenção e ele vai dialogar com essa voz usando a cadeira vazia.

No caso de trabalho em grupo, as frases serão distribuídas para os membros do grupo que acompanharão a pessoa, numa espécie de procissão. A pessoa dirá o seu desejo e imediatamente todo o grupo repetirá, simultaneamente, cada um com uma fala, as razões impeditivas e as incentivadoras.

Exemplo, a pessoa diz: — Eu quero passar no concurso X.

As vozes em conjunto dizem: — Você não vai passar porque você é burro, incompetente, não sabe nada... (cada membro do grupo diz, simultaneamente, sua razão).

— Você vai passar porque é responsável, esforçado, estudioso etc.

Caso: *Luiz era um homem de 30 anos, formado em Direito e veio para a terapia depois da terceira reprovação na prova da Ordem dos Advogados. Não passar nessa prova impedia que ele exercesse a atividade de advogado. Seu curso foi realizado com muito sacrifício, mas apesar disso teve um bom desempenho. Especialmente na infância havia sofrido bullying dos colegas porque sua família era muito pobre. Não revidava os insultos e não comentava em casa. Sentia um misto de pena e vergonha dos pais.*

As vozes impeditivas eram: — *Você não pode ser um advogado porque: é burro, é pobre, é fraco, a prova é difícil, não sabe nada etc.*

Ao repetir as vozes deu-se conta das introjeções que o paralisavam e a continuação do experimento envolveu que ele afirmasse as vozes que o incentivavam. Você pode ser um advogado porque: é esforçado, teve boas notas na faculdade, é inteligente. Ele estabeleceu um diálogo entre as vozes impeditivas e as incentivadoras. Isso permitiu que Luiz pudesse experimentar a grande variedade de sentimentos relacionados às suas vivências. Isso foi importante para que ele pudesse desenvolver uma atitude de comparar as crenças equivocadas com a realidade dos fatos.

Caso. *Julia era uma mulher de 46 anos. Casou-se aos 17 anos com o primeiro namorado. Sua família era extremamente religiosa e muito rígida sobre os valores de casamento e família. Seus filhos já estavam adultos e independentes. Seu casamento era uma longa história de violência psicológica que o marido a submetia, com incessantes depreciações, muitas vezes públicas, sobre sua função de dona de casa, seu desempenho sexual e sua capacidade intelectual.*

Quando chegou à terapia sua queixa era de uma grande sensação de adoecimento, todavia a palavra "separação" não esteve presente. Depois de algum tempo de terapia, começou a sentir a necessidade de separar-se e com isso surgiram os "deverias".

Suas frases repetiam as que ouvia na infância: o casamento é para sempre, a família é uma criação de Deus, Deus não aceita a separação, o que Deus uniu o homem não separa etc.

Para que ela elaborasse alguma fala que a apoiasse foi necessária uma discussão sobre a imagem que ela fazia sobre Deus, o que significava dar-se conta de outras introjeções. Quem era Deus para ela? Deus seria capaz de ver o sofrimento dela? Deus preferia vê-la "destruir-se aos poucos" do que vê-la separada?

Apropriar-se desses questionamentos foi ajudando-a aos poucos a se sentir forte o suficiente para enfrentar a separação.

b. Um barco chamado minha vida

Algumas pessoas têm uma atitude de observadoras diante da própria vida. Se colocam de maneira passiva esperando que outros decidam sobre suas escolhas ou esperam que Deus ou o acaso se responsabilizem por suas necessidades.

É importante o entendimento de que deixar para os outros a escolha sobre nossas ações pode ser mais fácil, mas não é garantia de um resultado que nos traga satisfação.

Material: meia folha de papel A4; um dado D12 (dado com 12 lados para jogos de RPG); cartões numerados.

Os cartões serão numerados no verso e a figura na frente, com o destino escrito. Os cartões ficarão virados de modo que apareçam os números e serão desvirados de acordo com o sorteio que determinará um destino.

Por exemplo:

1. No meio de uma regata.
2. Uma ilha paradisíaca.
3. Uma ilha com canibais.
4. Uma ilha com um vulcão em erupção.
5. Jogado contra pedras.
6. No meio de uma batalha naval.

7. No meio de uma tempestade.

8. Na imensidão do mar

9. Uma praia superlotada.

10. Sob um lindo arco-íris.

11. Na direção de um tufão.

12. Direto para um iceberg.

OBS.: as imagens a seguir foram produzidas por inteligência artificial (IA) e poderão ser substituidas por outras semelhantes.

Figura 2 – Imagens de barcos geradas com IA

Fonte: elaborado pela autora com auxílio de IA

O terapeuta constrói um barquinho de papel enquanto conta a seguinte história:

"Era uma vez, um barquinho pronto para navegar.

Sua âncora estava solta, seu motor ligado.

Acontece que o capitão desse barco achou que seria muito trabalhoso cuidar durante todo o tempo do leme e resolveu que os ventos e as mares o levassem para onde desejassem.

Assim, como um dado lançado à sorte o barquinho pode chegar a muitos destinos."

O terapeuta propõe que o cliente jogue o dado e que pegue o cartão com o número correspondente.

Depois de uma série de jogadas o terapeuta pergunta ao cliente se ele sabe o nome desse barco e, diante da possível negativa do cliente, dirá:

O nome do barco é minha vida e o nome do capitão é __(nome do cliente).

Caso: *Marina tem 36 anos, formou-se em Direito para trabalhar com o pai, que é dono de um escritório de advocacia, embora quisesse cursar Medicina. Aos 21 anos engravidou de um rapaz com quem estava saindo havia três meses e por pressão da família casou-se "antes que a barriga aparecesse". Foi morar num apartamento de propriedade da família que foi decorado pela mãe porque ela era "inexperiente".*

Chegou à terapia indicada por um psiquiatra com quem fazia tratamento para depressão. Na ocasião dizia não compreender o sentimento de vazio, uma vez que tinha uma carreira de sucesso e um casamento que embora considerasse "morno" não tinha grandes conflitos. Referia-se aos pais como amorosos e zelosos.

A técnica fez parte do processo de ajudá-la a perceber o quanto ela estava ausente da própria vida, isto é, o quanto não se responsabilizava pela própria vida.

Caso: *Jorge era um homem de 45 anos que veio para a terapia porque estava insatisfeito no casamento de 16 anos, embora não tivesse certeza do desejo de se separar. Perguntado sobre o porquê de ter se casado, disse que já namorava há algum tempo e como não tinha motivos para terminar, acabou casando-se. Depois do casamento a mulher engravidou e ele achou que deve-*

ria manter-se na relação. Quando estava pensando em separar-se a mulher engravidou pela segunda vez e ele considerou que esse era "um sinal" para que continuasse no casamento.

A técnica o ajudou a perceber o quanto tinha se colocado de forma passiva diante de sua vida, não considerando o que queria e fazendo aquilo que considerava "apropriado".

c. A lente das introjeções

Todos nós olhamos a vida através de uma espécie de lente e, de modo singular, cada um de nós cria uma realidade resultante desse filtro. Para o otimista a vida é cheia de possibilidades, enquanto para o pessimista a vida é cheia dificuldades.

Instruções preliminares
Introdução da técnica
Material – óculos de cores e formatos variados que terão na parte interna das hastes a marcação do nome de um tema (um sentimento) pelo qual a pessoa vai enxergar a vida.

Figuras com cenas variadas

Expectativa de uso – dar-se conta das introjeções que limitam e as que possibilitam as escolhas ou ações.

Orientações para o cliente
Escolha entre as figuras disponíveis duas que te atraiam positivamente e duas que te atraiam negativamente.

Escolha um dos óculos e veja o tema (sentimento) que está marcado na parte interna da haste.

Sua tarefa agora é descrever cada imagem que você escolheu usando como filtro o tema marcado nos óculos. Por exemplo, se o tema marcado for MEDO, qualquer imagem será descrita como se os elementos dela provocassem esse sentimento.

O cliente repete a tarefa mudando os óculos que terão outro (tema) sentimento escrito na haste.

Quando em grupo, todos farão o exercício simultaneamente, isto é, descreverão a mesma figura, cada um tomando como referência o tema marcado em seus óculos, representando uma conversa.

Caso: *Sonia tinha 27 anos e veio para a terapia porque estava muito preocupada porque suas amigas já tinham se casado ou estavam se preparando para tal e ela não tinha conseguido sequer um namorado.*

À medida que falava sobre si foi ficando claro que ela parecia olhar o mundo pelas lentes da perfeição. Sua avaliação dos possíveis parceiros era baseada em critérios fantasiosos. Isso fazia com que criasse expectativas irreais e com isso grandes decepções.

As fotos que a atraíram positivamente foram uma praia e uma família e as fotos negativas foram a de um lixão e a de uma pessoa amarrada numa cadeira. Uns óculos tinham escrito na haste o tema amor enquanto os outros tinham o tema raiva. Ao descrever todas as imagens, independentemente de serem positivas ou negativas, a partir desses dois únicos temas, Sonia pôde dar-se conta de que, da mesma forma que estava fazendo no experimento, também fazia em sua vida, não observava as pessoas em sua singularidade.

Caso: *Rui era um jovem de 19 anos e veio para a terapia indicado por uma tia que o achava muito introspectivo. Ele foi abandonado pela mãe quando bebê e o pai tinha sido morto por conta de envolvimento com drogas. Foi criado pela avó paterna, que tinha muitos medos, os quais compartilhava com ele desde sempre (medo de morrer, medo que ele morresse, medo da violência, medo de estranhos etc.). Ele chegou na terapia trazendo os mesmos medos.*

O uso da técnica ajudou a iniciar um processo de diferenciação da avó, uma vez que começou a perceber que as pessoas não precisam ver o mundo da mesma forma.

d. O conto de fadas

Todas as pessoas possuem um tema existencial, isto é, uma sensação ou sentimento que é recorrente, que pode resumir muitas experiências em nossas vidas.

Algumas pessoas têm o tema de rejeição, outras de justiça, outras de abusos etc.

Os contos de fadas contêm muitos temas existenciais tais como: amizade, justiça, inveja, amor etc.

Tendo em vista o conceito de intencionalidade da consciência, comentado anteriormente, podemos concluir que toda descrição de um objeto revela a projeção de algum aspecto da experiência de alguém sobre esse objeto.

Desse modo, podemos esperar que ao escolher um conto de fadas, selecionar uma cena desse conto e descrevê-la, a pessoa terá facilidade para projetar o seu tema existencial.

Instruções preliminares
Instruções da técnica

Feche os olhos e pense num conto de fadas.

Desenhe uma cena desse conto de fadas.

Dê um título para essa cena.

Resuma o título numa sensação ou sentimento — o resultado é o tema existencial.

Objetivo da técnica

Facilitar o processo de *awareness* do cliente sobre sua forma de interagir no mundo a partir da sua identificação com as características pelas quais descreve o personagem

Caso: *Rita tinha 24 anos e veio para a terapia com a queixa de dificuldade de relacionamentos em geral. Falava muito de como ficava como observadora dos fatos e como, além de não conseguir se aproximar das pessoas, não conseguia manter uma conversa quando alguém se aproximava dela.*

O conto de fadas que escolheu foi "Rapunzel" e a partir de sua descrição começou a ter mais clareza sobre a sua criação e de como foi se transformando numa pessoa isolada de todos.

Caso: *Rubens era um homem de 50 anos que veio para a terapia trazendo como queixa a insegurança. Teve uma origem muito pobre e mesmo hoje sendo um empresário de sucesso tinha uma grande necessidade de ser validado por todos. Isso muitas vezes o tornava presa de aduladores aproveitadores.*

Sua escolha do conto de fadas foi "Pinóquio" e surpreendentemente ele nada disse sobre a mentira, que é o tema mais comum atribuído a esse personagem. O que ele trouxe foi o desejo de Pinóquio de transformar-se num menino de verdade.

A técnica o ajudou a perceber o quanto precisava da aprovação das pessoas para se sentir importante.

e. Autodivulgação

Algumas pessoas são péssimas no que podemos chamar de marketing pessoal. Por razões diversas não reconhecem, em si mesmas, aspectos a serem admirados pelos outros e se têm alguma noção de seu valor, não os afirmam.

Objetivo da técnica

Convidar o cliente a desenvolver uma propaganda como se fosse um produto.

Exemplo: Compre (nome do cliente) porque é...

A expectativa da técnica é a de o cliente dar-se conta de não mostrar as qualidades que podem fazê-lo ser visto positivamente e por isso se torne uma pessoa atraente.

Essa técnica pode ser sugerida àquelas pessoas que se acham "invisíveis" para os outros. Por isso é esperado que elas tenham dificuldade de apontar suas qualidades positivas e isso cause desconforto pelo qual deverá se responsabilizar.

O passo seguinte, no processo terapêutico, é o de investigar as introjeções que sustentam essa dificuldade de "autopromover-se".

Caso: *Laura era uma mulher de 37 anos que veio para a terapia trazendo uma longa série de relacionamentos nos quais era traída, humilhada ou depreciada. Dizia não entender por que isso acontecia, pois era uma pessoa fiel e extremamente dedicada aos parceiros.*

A técnica a ajudou a perceber que suas "qualidades" apontadas envolviam sempre o cuidado com os outros e não outras qualidades como inteligência, capacidade profissional, elegância etc.

Caso: *João tinha 31 anos e veio para a terapia porque não conseguia assumir o término com uma namorada que o explorava financeiramente (ele pagou cirurgia plástica, roupas, carro etc.) e estava sempre dando desculpas para não ter relações sexuais com ele. Aos poucos ele foi trazendo a ideia de que se achava pouco interessante, que era gordo e malvestido.*

Ao realizar a técnica percebeu que ele mesmo "não compraria" um produto que tivesse uma apresentação tão ruim. Isso fez com que dedicasse mais cuidado com sua aparência, o que foi muito importante para o trabalho de aumento da autoestima.

2.2 PROJEÇÃO

Vimos anteriormente os comentários e as técnicas que envolvem a dificuldade de mobilizar energia para a ação por conta das introjeções sobre si mesmo, os outros e o mundo e que agem como "crenças limitantes"[3].

Ainda enfatizando a interrupção de contato entre a consciência da necessidade e a mobilização de energia, revelada nas dificuldades que envolvem as queixas do tipo "quero, mas não consigo", podemos considerar a projeção como outra forma de interrupção de contato que pode inibir ou dificultar a mobilização de energia para a ação.

Em princípio, projetar-se nos outros pode ser um movimento positivo, uma vez que nos permite empatizar com esses. Um esforço de projetar-se na direção do mundo de outra pessoa pode nos ajudar a que não permaneçamos numa posição ego centrada.

Polster e Polster (2001) citam a importância da projeção como possibilidade de aumentar a sintonia entre o terapeuta e o cliente, pois o fato de o terapeuta ter vivenciado algumas experiências o torna mais sensível a compreender a experiência do outro.

Nos experimentos, é a capacidade de projetar-se que permite ao cliente identificar-se com os objetos e as metáforas construídas pelo terapeuta.

Todavia, se a projeção não objetiva a compreensão do outro e sim a atribuição a ele daquilo que não aceitamos em nós mesmos, responsabilizando-o por nossas insatisfações e fracassos, seja esse uma outra pessoa, as circunstâncias ou mesmo Deus então se torna uma interrupção de contato disfuncional.

> As dificuldades aumentam quando as projeções formam uma autossustentação paranoide. Neste estágio, a pessoa que projeta, experiência as pessoas como estando ou contra ou a seu favor. Qualquer sugestão que confronte o indivíduo com a retomada de suas *próprias* características é rechaçada tão intensamente que pode deixar o terapeuta sem ação (Polster; Polster, 2001, p. 94).

Para mobilizar a energia para a ação é necessário que a pessoa se dê conta de uma necessidade, o que se torna inviável à medida que na projeção a pessoa vê nos outros as próprias necessidades.

---

[3] Crenças limitantes são resultados de interpretações negativas das experiências que vivemos. No momento que nos identificamos com uma situação ou modelo, nossas decisões sofrem influências daquele padrão, impedindo a mudança de paradigmas.

Assim trabalhar a projeção disfuncional implica ajudar a pessoa a apropriar-se das necessidades que foram projetadas nos outros. Para isso, o apoio do terapeuta será fundamental.

Porém, antes mesmo de aceitar como seus os desejos e intenções projetados nos outros, a pessoa deverá ser capaz de questionar seu próprio autoconceito.

Isso acontece porque no desenvolvimento da neurose o indivíduo assimila como autoconceito a estratégia que desenvolveu para manter-se seguro, de modo que sua expressão autêntica é identificada como desconhecida e ameaçadora. Por exemplo, aquele que tantas vezes teve o choro reprimido, com o tempo, passa a acreditar que não é capaz de chorar (introjeção) sentindo-se irritado com o choro de outra pessoa (projeção).

Resgatar a capacidade de ser autêntico inclui um delicado trabalho de arriscar-se a expressar uma forma revolucionária de ser.

2.2.1 Experimentos para projeção

Uma observação importante é de que nas técnicas para a projeção serão apresentadas algumas dirigidas à pessoa que projeta e outras que utilizam a projeção como recurso de ampliação de *awareness*.

a. **Prestar atenção**

Convidar o cliente a prestar atenção ao que faz nas situações talvez seja a forma mais eficiente de ajudá-lo a apropriar-se daquilo que projeta nos outros.

Caso: *Adriana é uma mulher de 36 anos. Possui formação superior e diz sentir-se realizada na carreira, tendo um excelente emprego que exige bastante dedicação, inclusive com viagens. É casada há 10 anos e não tem filhos por opção dela e do marido, que priorizam suas carreiras.*

Ela veio para a terapia por conta dos problemas no relacionamento com o marido, que segundo ela tomava as decisões sobre a casa sem consultá-la.

Prestando atenção na dinâmica da vida do casal, ela percebeu que ainda era muito apegada à família de origem. Todos os dias ela chegava do trabalho e ia direto para a casa da mãe, onde jantava e só saía quando o marido já tinha chegado em casa. Aos poucos foi se dando conta de que o marido estava se responsabilizando sozinho pela organização da casa, simplesmente porque ela não participava.

b. Lendo as folhas de chá

A tasseografia é um método de adivinhação surgido na Ásia e que é baseado na leitura das formas que as borras das folhas de chá, bebido pela pessoa que deseja a informação, assumem ao se depositarem no fundo de uma xícara.

Magia à parte, a "leitura" das folhas de chá pode tornar-se um recurso original de projeção por meio da imaginação e da concentração. Todavia, cabe ressaltar que essa técnica não deve ser sugerida às pessoas racionais e pouco imaginativas, dada a dificuldade de fantasiar que exibem. Além disso, o terapeuta não pode fazer qualquer tipo de sugestão para não comprometer a singularidade da projeção do cliente.

Material: potinhos de plástico rígido; folhas de chá; guardanapo de papel; água morna; música bem suave de fundo.

Instruções preliminares
Instruções da técnica

O cliente recebe o pote com a água morna e coloca sobre ela uma pequena porção de chá e em seguida cobre o pote com um guardanapo.

Durante algum tempo, o cliente permanece com os olhos fechados e fazendo contato com as suas sensações, sentimentos e necessidades.

Em seguida destampa o pote e descarta o chá (bebendo ou não).

Observar a borra de chá que permanece no fundo do pote e interpretar (projeção) o significado das formas que surgiram.

Caso: *Aline era uma mulher que aos 38 anos estava dividida entre aceitar uma promoção em que deveria fazer muitas viagens ou engravidar. Observando as borras de chá "viu" uma estrada bifurcada que de um lado terminava na borda do pote e outra que terminava numa concentração de borra.*

A técnica ajudou a tornar mais claro para ela que sua escolha deveria envolver a avaliação do que para ela significava estagnação ou uma nova vida. Algum tempo depois ela escolheu a promoção.

Caso: *Tadeu era um homem de 50 anos que veio para a terapia com a queixa de que sentia um inexplicável sentimento de abandono, uma vez que tinha um bom emprego, um casamento feliz e filhos saudáveis. Numa sessão* *disse ter vagas lembranças da infância e então foi convidado a fazer uma viagem de fantasia a ela por meio das borras de chá. Durante a viagem disse ter visto uma janela e que sentia medo ao olhar para ela. À medida que foi fazendo contato com o sentimento de medo foi recordando que ainda muito pequeno e durante muitos anos foi obrigado a dormir num quarto sozinho e com uma janela aberta. Seu quarto era num sótão e os pais achavam não oferecer qualquer perigo manter a janela aberta, mas ele lembrou-se do medo de que alguém ou um animal entrasse pela janela e lhe fizesse mal.*

A técnica ajudou-o a encontrar um significado para o sentimento de abandono, o que por si só trouxe um grande alívio.

c. Materializando os sentimentos

Quando o cliente se refere muitas vezes a um sentimento, por exemplo: a minha tristeza, a minha raiva, o meu medo, o terapeuta pode convidá-lo a descrever o sentimento como uma pessoa.

Instruções preliminares
Instruções da técnica

Se o seu sentimento fosse uma pessoa, seria:

Homem ou mulher?

Alto ou baixo?

Velho ou novo?

Gordo ou magro?

Bonito ou feio?

Como está vestido?

Ao final da elaboração, o cliente deverá descrevê-lo usando a primeira pessoa e, de preferência, dramatizando a descrição.

Por exemplo: Eu sou a raiva, eu sou... (seguir descrevendo a imagem na primeira pessoa).

Ao final, o cliente comentará a experiência.

Caso: *Inês era uma mulher de 39 anos que estava sempre se queixando de como a sua vida era insatisfatória: um casamento infeliz, uma filha adolescente que trazia muitos problemas, a frustração de uma carreira abandonada. Ela sempre falava "a minha tristeza", mas efetivamente não fazia coisa alguma para mudar.*

Ao descrever a sua tristeza e dramatizar um "passeio" pela sala e uma conversa com ela, pôde dar-se conta de que a tristeza tinha se tornado uma amiga com quem se lamentava e com isso a protegia da possibilidade de explodir em raiva.

A técnica ajudou-a a fazer contato com o sentimento de raiva e com isso com a possibilidade de descobrir em si mesma a força para reagir.

Caso: *Tiago era um jovem de 23 anos que veio para a terapia por conta das crises de agressividade. Ele mesmo estava preocupado com a sua falta de controle. Alguns amigos tinham se afastado e a namorada de quatro anos havia rompido, segundo ela, "cansada de aturar" o descontrole que algumas vezes terminava em agressões físicas. Era filho de uma relação passageira da juventude da mãe com um homem que nunca conheceu. Ele e a mãe viveram com os avós maternos até quando ele tinha 9 anos. A mãe se casou e mudou-se para outra cidade, deixando-o com os avós, alegando que essa foi a imposição do marido. A avó morreu quando ela tinha 13 anos e o avô tornou-se alcoólatra.*

Ao descrever a sua agressividade e conversar com ela, pôde dar-se conta de que sua agressividade impedia que ele tomasse consciência do sofrimento que experimentava por toda a vida. A agressividade o ajudou a ter forças para sobreviver.

d. O circo

Comentários sobre a técnica

O circo pode ser considerado como uma metáfora da vida, de forma que seus inúmeros elementos tais como: personagens, animais, pessoal de apoio, plateia e até elementos físicos como a lona, o picadeiro etc., podem representar, de acordo com a função exercida, modos diferenciais de comportamento e relacionamento das pessoas.

O circo 1

Instruções preliminares

Instruções da técnica

Feche os olhos.

Pense num circo.

Pense nos elementos que o compõem: sua lona, seu mastro, picadeiro, personagens, animais, pessoal de apoio etc.

Se você fosse um elemento do circo, qual seria?

Descreva a função do elemento escolhido no circo.

Qual é a relação desse elemento com os outros elementos do circo?

De que maneira o que foi dito sobre o elemento escolhido refere-se a você?

Abra os olhos e comente sua experiência.

Caso: *Mariana era uma mulher de 39 anos. Nasceu numa cidade do interior e era filha de uma família de boa condição financeira. Teve uma educação tradicional e casou-se muito cedo. Estudou até o ensino médio. Veio para o Rio de Janeiro por conta da profissão do marido, que era engenheiro. Com o passar dos anos o marido ascendeu profissionalmente e os filhos entraram para a faculdade. Ela veio para a terapia porque, segundo ela, estava cansada de ser coadjuvante na vida da família e que sabia ser errado, mas sentia inveja de todos.*

No experimento do circo, identificou-se na posição da foca que ganhava uma sardinha e batia palmas. A experiência ajudou-a a observar que era esse o papel que desempenhava na família e mais adiante que poderia escolher ser, por ela mesma, outro personagem.

O circo 2
Instruções preliminares
Instruções da técnica

Feche os olhos.

Pense num circo.

Pense nos elementos que o compõem: sua lona, seu mastro, picadeiro, personagens, animais, pessoal de apoio etc.

Se a sua família fosse um circo, que personagem representaria cada membro?

Descreva a função que cada personagem escolhido desempenha no circo.

Qual é a relação dos personagens entre si?

De que maneira o que foi dito sobre os elementos escolhidos refere-se a você e à sua família? Como se sente em relação ao que percebeu?

Abra os olhos e comente sua experiência.

Caso: *Diogo era um homem de 28 que chegou a terapia dizendo que sempre foi o palhaço da família e sentia-se feliz e valorizado nesse papel. À medida que a vida ia naturalmente trazendo questões mais difíceis de lidar, como relacionamentos afetivos, questões de trabalho etc., ele começou a perceber que sua família e amigos não aceitavam seus momentos "baixo astral", cobrando dele mais uma graça que o fizesse parecer melhor. Embora a postura das pessoas o incomodasse, ele achava que sendo um obeso mórbido seria difícil ser aceito de outra forma.*

Ter-se percebido como o palhaço e os parentes e amigos como outros personagens do circo permitiu que ele se desse conta de que escolhera esse papel para esconder sua baixa autoestima e isso possibilitou a maior preocupação em descobrir e responsabilizar-se por seus incômodos.

O circo 3

Numa situação de grupo, num relato como o do caso anterior, pode ser sugerida uma dramatização conjunta do grupo com o sujeito escolhendo para cada membro do grupo um personagem do circo que represente um elemento da família.

Outra proposta poderia ser a de sugerir que cada membro do grupo escolhesse representar um personagem do circo e que todos em conjunto dramatizassem uma apresentação.

Instruções preliminares
Instruções da técnica

Feche os olhos.

Pense num circo.

Pense nos elementos que o compõem: sua lona, seu mastro, picadeiro, personagens, animais, pessoal de apoio etc.

Se você fosse um elemento do circo, qual seria?

Descreva a função do elemento escolhido no circo.

Abra os olhos e junte-se aos demais membros do grupo para dramatizar uma apresentação.

Ao final da dramatização, cada membro do grupo deverá responder às seguintes questões:

De que maneira a função descrita sobre o elemento escolhido refere-se a você?

Como se sentiu dramatizando o elemento escolhido?

Como se sentiu sendo esse elemento dentro do grupo?

e. **Identificando-se com os pais e avós**

Todos concordam que nossa vida é influenciada por nossos antepassados.

Todavia, não sabemos detalhar facilmente tais influências. Podemos facilitar a *awareness* do cliente convidando-o a identificar-se com seus antepassados.

Instruções preliminares
Instruções da técnica

O experimento inicia com o cliente de pé, com os olhos fechados.

O terapeuta orienta o cliente a responder mentalmente às seguintes perguntas:

Como é sua vida?

Como é ter __ (idade do cliente) anos?

Como é viver na sua cidade?

Como é viver no seu país?

Como é a época em que você vive?

Quais são as pressões sociais que você sofre?

Quais são as suas necessidades, os seus desejos, os seus sonhos?

Quais são as suas expectativas de vida?

Respondidas tais perguntas, o terapeuta pede para que a cliente, em silêncio, registre as sensações ou sentimentos residuais da sua experiência.

Em seguida pede que ela respire profundamente, dê um passo atrás.

Caso o cliente seja do sexo feminino, começar se identificando com a mãe, usando a mesma sequência de perguntas.

O terapeuta deve orientar o cliente a usar sua imaginação para substituir a falta de informações.

Fechar os olhos e, sendo sua mãe, imaginar:

Como é sua vida?

Como é ter __ (idade do cliente) anos?
Como é viver na sua cidade?
Como é viver no seu país?
Como é a época em que você vive?
Quais são as pressões sociais que você sofre?
Quais são as suas necessidades, os seus desejos, os seus sonhos?
Quais são as suas expectativas de vida?

Respondidas tais perguntas, em silêncio, o terapeuta pede para que a cliente registre as sensações ou sentimentos residuais da experiência de identificação com a mãe.

Em seguida pede que ela respire profundamente, dê um passo atrás e passe a se identificar com a avó materna, usando a mesma sequência de perguntas.

O processo se repete para a identificação com a avó paterna.

O terapeuta poderá escolher se a partir de então inicia a identificação com a parte masculina da família.

Se o cliente for do sexo masculino, começar a sequência de identificações pelo pai.

Por fim deverá descrever todo o processo e identificar partes das vivências dos antepassados em sua própria vida.

Caso: Carlos *era um homem de 30 anos que veio para a terapia indicado pelo RH da empresa em que trabalhava. Inteligente e considerado um excelente profissional, tinha sérios problemas de relacionamento no trabalho por conta da sua conduta autoritária denunciada pelos colegas, mas não aceita por ele. Sobre a família, disse que o pai era um homem agressivo que quando irritado podia bater em todos. A mãe e a irmã não reagiam e a forma que ele disse ter conseguido para fugir da situação foi indo estudar numa escola militar. Não seguiu carreira, mas a formação permitiu que ele conseguisse independência financeira. Em certo ponto da terapia disse que, embora não conseguisse viver com o pai, podia entender que o comportamento dele poderia ser explicado pela violência utilizada por seu pai (avô do cliente), que espancava os filhos até o ponto de deixá-los inconscientes.*

Fazer o experimento permitiu que ele conseguisse se inserir como parte de uma "linhagem" de homens agressivos e autoritários e, mais do que isso, pôde compreender com maior profundidade a enorme gama de fatores que influenciaram o desenvolvimento dessa forma de relacionar-se com o mundo. Isso causou nele um grande mal-estar, especialmente diante da possibilidade de ser responsável em transmitir para seus filhos, embora ainda não os tivesse, essa "herança cruel". Assim, pode fazer a escolha consciente de ser diferente e não apenas repetir papéis.

f. Apresentando a família

Material: várias revistas, tesoura, cola e cartolina.

Pedir ao cliente que escolha, nas revistas, fotos que representem cada membro da família.

Ao terminar a seleção deverá colar as fotos da cartolina montando uma foto de família.

Terapeuta e cliente observarão as características da cena montada.

O cliente deverá relacionar tais observações à sua dinâmica familiar.

Caso: *Larissa tem 39 anos e veio à terapia com a queixa de ter muitos problemas com a família de origem. Ela é a quinta de sete irmãos e diz que existe muita fofoca entre eles e que a mãe é a que mais promove a discórdia. Depois de algumas sessões, o terapeuta teve a necessidade de montar um quadro representativo das aproximações e afastamentos dos membros da família de Larissa e para isso pediu fotos da família. Ela disse que não tinha fotos da família porque havia perdido numa inundação.*

Convidada a escolher entre muitos recortes de revista, Larissa elegeu uma gravura em que apareciam várias duplas, com poses e expressões sugestivas de fofoca, como falando ao telefone ou ao "pé do ouvido".

Ela disse que assim era sua família: sua mãe poderia estar representada em muitas duplas bem como os irmãos entre si.

Ao descrever a imagem ela pôde observar, mais claramente, a dinâmica de sua família e entender seus sentimentos de divergência e solidão.

g. Pertencimento

Material: duas folhas de papel ofício, lápis comum, lápis cera ou de cor.

Pedir que ao cliente para dividir uma folha em tantos espaços quantos for o número de pessoas de sua família.

Em seguida, em cada espaço, fazer um desenho que represente cada membro da família.

Na outra folha, o cliente deverá representar a si mesmo.

Descrever cada desenho e, ao final, identificar em cada desenho dos membros da família um aspecto de si mesmo.

Ao final, o cliente deverá acrescentar ao seu desenho aqueles aspectos identificados nos desenhos dos outros membros da família e comentar a experiência.

Esse exercício também poderá ser usado num trabalho de grupo.

Caso: *Diego tem 21 anos e chegou à terapia dizendo precisar se resolver em relação a uma carreira. Já tinha feito uma orientação vocacional, mas achou os resultados muito amplos. Já tinha abandonado um curso de Direito e outro de Fisioterapia e agora estava pensando em fazer Cinema.* Não encontra identificação com nenhum dos membros da família e isso parece interferir negativamente em suas opções *pela falta de modelos a serem considerados.*

Fazer a técnica trouxe para Diego a possibilidade de identificar-se com os membros da família permitindo a ele aceitar a compatibilidade de interesses mais do que a afirmação de diferenças em relação à sua família.

h. **Adedanha[4] ou relações familiares**

Colocar uma folha ofício no sentido horizontal e dividi-la em quatro colunas.

1ª etapa

Na 1ª coluna o cliente deve arrolar os nomes dos membros da família, nuclear ou extensa (conforme escolha) e inclusive o próprio.

- Caso queira relacionar os membros da família extensa é necessário observar se o total de membros não é muito grande pois poderá ocorrer perda de foco no trabalho e assim favorecer a deflexão.

Na 2ª coluna relacionar a cada membro o nome de animal.

- Deve ser o animal que o cliente acha que a pessoa seria caso fosse um bicho e não o animal preferido pela pessoa.

Na 3ª coluna relacionar um objeto a cada pessoa.

---

[4] Adedanha é o nome de um jogo em que se escolhe uma letra e se deve listar nomes de pessoas, carros, frutas e etc. que iniciam com essa letra.

- Não vale ser o objeto preferido da pessoa.

Na 4ª coluna associar uma cor a cada membro.

- Também não vale ser a cor preferida.

2ª etapa

Dobrar a folha, ocultando a relação dos nomes.

A associação das descrições com as pessoas deve ser feita apenas ao final do trabalho e deve ser evitada prematuramente para minimizar a possibilidade de bloqueio defensivo pelo cliente.

Dar três características para cada animal (se abstendo das pessoas).

Apontar a função de cada objeto.

Determinar o sentimento que lhe é despertado por cada cor.

3ª etapa

Pedir ao cliente que:

Relacione as características do animal a cada pessoa.

Observe se os animais são da mesma espécie e relacione com as pessoas.

Observe aqueles que convivem no mesmo ambiente natural e relacione-os às pessoas.

Observe quais são os predadores e quais são as suas presas e relacione com as pessoas.

Comente a experiência.

4ª etapa

Relacionar a função do objeto à função da pessoa na família.

Observar se os objetos têm funções complementares e relacionar às funções de cumplicidade na família.

Comentar a experiência.

5ª etapa

Relacionar o sentimento atribuído à cor ao sentimento que o cliente experimenta na relação com a respectiva pessoa.

Comentar a experiência.

Comentários sobre o trabalho como um todo.

Observação:

O terapeuta poderá trabalhar separadamente com a identificação com os animais, os objetos ou as cores.

Caso o terapeuta queira trabalhar apenas com a identificação com animais poderá substituir a parte escrita do nome dos animais pelo uso de miniaturas de animais.

Nesse caso deverá ser observada também a distribuição espacial dos elementos na cena montada.

Segue a planilha ilustrativa de um caso.

Caso: *Célia é uma mulher de 37 anos, filha mais velha, solteira e dependente financeiramente dos pais. A irmã, quatro anos mais nova, mora na Espanha, onde faz doutorado em Administração. O irmão mais novo é formado em Ed. Física e trabalha como personal. Aline iniciou o curso de Direito, mas abandonou depois de várias reprovações em disciplinas e trancamento de matrícula. Atualmente cursa Fisioterapia, mas ainda não conseguiu estagiar porque faltam algumas disciplinas.*

Diz não entender por que na maioria das vezes os homens terminam o relacionamento com ela. Se diz muito angustiada pela dependência financeira dos pais e teme morar com eles toda a sua vida. Ela diz que tudo é consequência das escolhas que fez e que a vida parece dizer para ela "Eu te disse".

Quadro 1 – Descrição do exemplo

NOME	ANIMAL	OBJETO	COR
Aline	Peixe	Porta	Cinza
	pequeno/frágil	velha/emperrada	tristeza
João (pai)	Leão	Viga	Preta
	agressivo/protetor	sustentar	resiliência
Amélia (mãe)	Coruja	Sofá	Branco
	observadora/quieta	descansar	serenidade
Claudia (irmã)	Panda	Celular	Amarelo
	amistoso/desconfiado	trabalhar	força

NOME	ANIMAL	OBJETO	COR
Tiago (irmão caçula)	Gato	Videogame	Vermelho
	independente/arisco	divertir	alegria

Fonte: elaborado pela autora

Ao fazer a técnica da Adedanha pôde dar-se conta de que se vê muito diferente dos outros membros da família. Sua autoimagem é bastante depreciativa e sua descrição na técnica reforçou a percepção do terapeuta de que ela apresentava sinais de uma distimia, o que facilitou a indicação de uma avaliação psiquiátrica.

Também observou que, embora fosse responsável por suas escolhas, a postura excessivamente apoiativa dos pais não favorecia o seu desenvolvimento pessoal.

i. **Identificando-se**

Gravuras avulsas ou recortes de revistas com imagens as mais variadas possíveis.

Identificação 1

O cliente escolhe algumas figuras.

Descreve cada uma delas.

Repete a descrição usando a primeira pessoa.

Cliente e terapeuta comentam a experiência.

Caso: Luana *tem 14 anos. É filha única do casamento dos pais que estão separados há sete anos e tem um irmão de 5 anos do novo casamento do pai. A mãe tem um namorado que a cliente diz preferir ao pai.*

Ela e a mãe vivem com os avós maternos que as sustentam. O pai dá uma pequena pensão para ela e diz que não tem condições de pagar mais.

A relação com a mãe é de muito atrito, especialmente em relação aos muitos problemas na escola. Mariana faz bullying e suas notas estão muito baixas.

A mãe parece agir como uma irmã mais velha, se queixando da filha para os pais (avós da cliente), inclusive a xingando de vagabunda.

Luana escolheu quatro fotos: a primeira era a foto de uma tempestade no mar; a segunda de uma mulher que ela disse que tinha uma cara sarcástica igual à da mãe; a terceira a torre Eiffel e a quarta a de uma praia deserta.

Ao descrever cada uma das fotos na primeira pessoa se deu conta, respectivamente: do enorme sentimento de raiva que experimentava; do quanto era sarcástica como a mãe, do quanto gostava de ser notada e de como se sentia solitária.

Identificação 2

O cliente escolhe gravuras que identifique como positivas e figuras que considere negativas.

Descreve-as e em seguida as nomeia com um sentimento.

O terapeuta propõe uma cadeira vazia com o diálogo entre os dois sentimentos.

Cliente e terapeuta comentam a experiência.

Caso: *Claudio tem 27 anos e é filho único. Sua mãe é evangélica e o pai sempre ridiculariza os preceitos religiosos dela. O pai é motorista de caminhão e quando não está trabalhando prefere passar muito tempo no bar com os amigos.*

Claudio é gay e tem muito medo da reação da família ao assumir sua orientação sexual. Diz não saber quem é.

O cliente escolheu como uma figura que o atraiu positivamente uma pessoa num lugar escuro olhando para uma janela com uma paisagem colorida e bonita. A figura pela qual sentiu uma atração negativa era a de uma cabeça cheia de formas irreconhecíveis que sugeriam confusão.

Comentando sobre a imagem que o atraiu positivamente, disse ter a ver com a esperança da sua vida melhorar. Sobre a imagem negativa, disse remeter a um sentimento de culpa por não corresponder às expectativas da família sobre sua sexualidade.

O diálogo entre os sentimentos trouxe como principal *awareness* a percepção de que o sentimento de culpa o impede de viver coisas boas.

Identificação 3

O cliente conta a própria história utilizando as gravuras.

Cliente e terapeuta comentam a experiência.

Caso: *Lia é uma adolescente de 16 anos que veio para a terapia trazida pela mãe que relata três tentativas de suicídio da filha. Os pais estão separados há cinco anos depois de muito conflito decorrente de uma traição do pai. Depois da separação o pai tornou-se cada vez mais distante enquanto a mãe continuou com suas constantes viagens a trabalho, durante as quais a cliente fica na companhia da avó materna.*

Foi pedido que ela montasse uma foto de família com as imagens dos recortes. Ao descrever a cena criada a cliente percebeu que não havia se representado e que isso descrevia o quanto ela não se sentia pertencendo àquela família e que os pais estavam preocupados apenas com as próprias vidas.

O resultado da técnica estimulou o terapeuta a sugerir a busca de uma terapia familiar.

j. Repetindo papéis

Algumas vezes o terapeuta percebe que alguns papéis ou modos de relacionamento da família de origem do cliente também aparecem na família atual.

A técnica visa ajudar o cliente a ampliar a *awareness* da repetição das relações da família de origem na família atual.

Instruções:

O cliente relaciona os membros da família de origem.

Em seguida atribui dois ou três verbos para cada membro, completando a frase: Nessa família fulano... (completar com os verbos).

Depois, relaciona os membros da família atual.

Em seguida atribui dois ou três verbos para cada membro, completando a frase: Nessa família fulano... (completar com os verbos).

Ao final cliente e terapeuta comentam, comparando os verbos usados nas duas famílias:

- as repetições que surgirem;
- as oposições;
- as complementaridades.

Caso: *Mônica é uma mulher de 34 anos que veio para a terapia com a queixa de insatisfação no casamento. É casada e tem um filho de 6 anos. O marido cursou gastronomia e seu grande sonho é estudar na França, embora não tenha conseguido êxito nas várias tentativas de manter um negócio. Ela é fisioterapeuta e além de trabalhar dois dias por semana em uma clínica faz atendimentos domiciliares, inclusive aos sábados. Ela acha que se esforça muito para ganhar dinheiro enquanto o marido fica sonhando.*

Ao fazer a técnica ela atribuiu ao pai os verbos sonhar e beber; à mãe, os verbos: trabalhar e reclamar; a ela mesma, enquanto solteira os verbos, estudar e ajudar e ao irmão, brincar e comer. Sobre a família atual ela atribuiu ao marido os verbos sonhar e trabalhar; a ela trabalhar e reclamar e para o filho brincar e estudar.

Ao comentar sua descrição se deu conta de que ela sempre se incomodou com a mãe por ela estar sempre preocupada em ganhar dinheiro e reclamando da falta de prazer na vida. Ela percebeu que estava se transformando na mãe e que ao contrário dela e como o pai dela, o marido tinha sonhos. Diferentemente do pai dela, o marido não era um alcoólatra e trabalhava como ela, com a diferença de dar importância ao prazer.

k. O trabalho com as miniaturas

Chamo de trabalho com miniaturas a uma variação da Caixa de Areia, também chamado de *Sandplay* (brincadeira na areia), que, de acordo com Cruz e Fialho (1998, p. 231):

> Constitui um ramo da ludoterapia e consiste numa adaptação do Teste do Mundo (The World Test) de Margaret Lowenfeld. O referido teste foi inicialmente utilizado pela autora em 1928 no Institute of Child Psychology em Inglaterra, para estudar a comunicação não verbal das crianças. Mais tarde, em 1943, foi melhorado por Charlotte Buhler em Nova Iorque, e também por Harold Stone, em Los Angeles, para fins de diagnóstico. Dora Kalff, analista junguiana suíça desenvolveu-a ainda mais utilizando-o também para fins terapêuticos e introduzindo a nova técnica não só em Zurique, mas um pouco por todo o mundo onde treinou inúmeros terapeutas.

Atualmente essa técnica é utilizada por diferentes abordagens como instrumento diagnóstico ou terapêutico, no trabalho com crianças e adultos. Basicamente se constitui num conjunto de miniaturas que ficam disponíveis para que o cliente os organize numa caixa de areia. O que é proposto ao cliente e a leitura dos resultados decorrem do enquadre teórico utilizado.

A adequação ao modelo da GT requer que seja respeitado o princípio do método fenomenológico, isto é, o trabalho sobre o material produzido pelo cliente deve ser reconhecido como um fenômeno a ser descrito na sua forma de apresentação e identificado pelo cliente como uma projeção dos seus pensamentos, sentimentos ou necessidades.

Para o trabalho em GT não é fundamental o uso da caixa de areia, embora, é claro, possa enriquecer a gama de material projetado pelo cliente.

Como toda e qualquer proposta de experimento, o trabalho com os bonecos deve visar diretamente a ampliação de *awareness* do cliente sobre algo presente na sessão terapêutica. Desse modo, seus modos de apresentação são incontáveis. O cliente pode ser convidado a representar uma sequência de cenas: da sua infância, adolescência e vida atual; de antes, durante e depois de algum evento importante da vida ou de momentos significativos.

Cada cena pode revelar uma dinâmica que pode oferecer muitas informações sobre a história do cliente. Por exemplo, é esperado que os pais apareçam na cena da infância e no lugar deles apareçam os amigos na adolescência. É importante observar quais são as figuras escolhidas para cada elemento da cena, a proximidade e afastamento entre os elementos, posicionamentos, presença ou ausência do cliente nas cenas representadas.

Depois que o cliente monta suas cenas é convidado a descrevê-las e em seguida o terapeuta o questiona sobre o que observou (sempre cuidando para não tecer interpretações). Por exemplo, ao fazer a cena da infância, o cliente não representou os pais. Questionamento correto: — Você não representou seus pais na sua cena da infância, qual é o significado disso para você? Aqui a atribuição de significado é do cliente. Questionamento errado: — Você não representou seus pais na sua cena da infância, isso significa que eles foram ausentes? Aqui é o que Polster e Polster (2001) chamam de "perguntas que escondem afirmativas", isto é, o significado é do terapeuta.

Cruz e Fialho (1998, p. 234) lembram sobre a necessidade de oferecer uma grande variedade de objetos a bem da riqueza das representações e apresentam alguns exemplos:

Animais (pré-históricos, selvagens, domésticos, insectos etc.);
- Elementos da natureza (flora de terra e mar, conchas, pedras, paus, pinhas, árvores, flores, sementes etc.);
- Meios de transporte (carros, motas, bicicletas, comboios, aviões, barcos, estações de abastecimento, garagens etc.);
- Símbolos de guerra (soldados, armas, veículos militares, cowboys, índios etc.);
- Habitações (pontes, cavernas, grutas, casa, moinhos, igrejas, escolas, instituições e estabelecimentos);
- Figuras humanas (de várias idades, ambos os sexos, diferentes profissões e raças e tudo o necessário para representar diferentes mentalidades e estatutos sociais);
- Figuras da fantasia (fadas, bruxas, monstros, gigantes, anões, figuras dos contos de fadas etc.);
- Figuras de conteúdo sagrado (figuras mitológicas, cristos, budas etc.);
- Objectos vários (decorativos, ferramentas, sinais de trânsito, objetos geométricos, berlindes, cubos e triângulos de construção etc.)[5]

Caso: *Miriam tem 62 anos, casada, tem dois filhos e quatro netos. Veio para a terapia para entender por que é mal compreendida pela família, que ela está sempre procurando agradar, mas é chamada de egoísta por todos. Quando o terapeuta investiga sobre suas ações, percebe que a cliente decide por conta própria o que irá oferecer, sem consultar o outro.*

O terapeuta sugere a técnica das miniaturas a Miriam buscando entender o desenvolvimento da atitude egotista.

Ao montar as cenas, representou a si mesma, na infância, com apenas um cachorro, na adolescência sozinha com os livros e a cena atual afastada da família. Quando o terapeuta pediu que ela comentasse as representações, dentre outros comentários, disse que teve uma infância solitária porque os pais trabalhavam muito e ela ficava aos cuidados da avó materna que não a deixava sair de casa. Na adolescência não tinha amigos porque, segundo ela não tinha dinheiro para ser igual às outras meninas e na vida atual mostrou o distanciamento da família.

Aos poucos ela e o terapeuta começaram a entender que o seu controle sobre a família era uma tentativa de não ser abandonada porque acreditava que se não fosse pelo dinheiro ninguém estaria com ela.

---

[5] Para respeitar a integridade da citação, os termos foram mantidos no original. O leitor pode achar alguns termos estranhos, uma vez que a origem do texto é portuguesa.

2.3 RETROFLEXÃO

Quando a pessoa mobiliza energia para buscar a satisfação de suas necessidades no ambiente, a princípio, deveria agir na direção do contato.

Todavia, podem surgir algumas formas de interrupção que impedem que a energia mobilizada seja investida em ações no ambiente.

Uma dessas interrupções é a retroflexão que se constitui em retornar para o organismo, a energia que deveria ser investida no ambiente. O indivíduo faz para si ou em si aquilo que acredita ser impossível fazer ao ambiente ou receber deste.

De acordo com Polster e Polster (2001), o indivíduo que retroflete desistiu de investir seus esforços para atender suas necessidades no ambiente e faz a si mesmo o que deveria fazer ao ambiente ou oferece a si mesmo o que gostaria de receber dele. Assim, da mesma forma que o amor ansiado se transforma em autocuidado, que muitas vezes toma a forma narcísica, a raiva retrofletida gera comportamentos autodestrutivos ou somatizações.

Retrofletir também possui um aspecto saudável quando se refere ao processo reflexivo do pensamento.

> Pensar é por si mesmo um processo retroflexivo, um modo sutil de falar consigo mesmo. Embora o pensar possa ter características obviamente perturbadoras – interferindo ou adiando a ação -, também é valioso para orientar o indivíduo com relação às questões de sua vida que são complexos demais para serem resolvidos de modo espontâneo (Polster; Polster, 2001, p. 99).

Retrofletir os impulsos, que deveriam ser dirigidos ao ambiente, envolve necessariamente, um controle do corpo que se dá através da musculatura e respiração A interrupção do movimento é conseguida através do desenvolvimento de tensões musculares crônicas e alterações da respiração.

Outra implicação do processo de retrofletir envolve o estabelecimento de um conflito entre a necessidade de ir para o ambiente e a necessidade de afastar-se dele. Há uma cisão entre a *awareness* da experiência psicológica e a *awareness* corporal, o que Kepner (1993) chama de *desapropriação do self*.

Por exemplo, se a pessoa não se permite chorar, a possibilidade de expressar "o proibido" gera ansiedade e exige o bloqueio da expressão do choro, o que é conseguido por meio de algum grau de tensionamento da musculatura dos olhos bem como uma alteração do ritmo respiratório. Apesar disso a necessidade de expressar o choro permanece e os esforços para contê-lo precisam sempre ser repetidos.

Desfazer a retroflexão envolve: a *awareness* da tensão muscular; a *awareness* das forças em oposição; a *awareness* das introjeções que sustentam a atitude disfuncional e a atualização da experiência que possibilitará a escolha de novas possibilidades de interação no mundo.

No caso das somatizações é a *awareness* da função de autorregulação do sintoma que possibilita a aquisição de formas mais saudáveis de interação, isto é, compreender como o sintoma constitui-se numa tentativa de preservar o organismo ainda que isso pareça paradoxal.

A atenção à respiração é um requisito essencial para o trabalho com o corpo, uma vez que ela mantém a pessoa conectando mente e corpo. A *awareness* das sensações e dos sentimentos só é conseguida à medida que a pessoa se mantém atenta à respiração.

Se a pessoa não consegue manter-se em contato com o seu ritmo respiratório é porque não aprendeu a fazê-lo ou porque a atenção na respiração ameaça a estabilidade precária conseguida pela *unawareness (falta de consciência)* das sensações e sentimentos.

Isso significa que, se o terapeuta deseja facilitar a *awareness* das sensações e sentimentos, deverá, em primeiro lugar, propor um exercício respiratório simples, isto é, apenas envolvendo a atenção no ritmo das inspirações e expirações.

O terapeuta deve evitar propor trabalhos com o corpo nas sessões iniciais uma vez que por tenderem a provocar o contato com experiências dolorosas exigem o fortalecimento de uma relação de confiança entre o cliente e o terapeuta, o que somente ocorre com o tempo.

Caso a pessoa mostre um aumento significativo de ansiedade, revelado pela agitação motora, o terapeuta deverá considerar o aprofundamento da *awareness* corporal inviável nesse momento e interromper o exercício.

Tal regra deverá ser aplicada em todas as fases descritas a seguir.

2.3.1 Experimentos para retroflexão

2.3.1.1 O cliente fala sobre os eventos, mas não consegue nomear sensações ou sentimentos com clareza

1.a O terapeuta propõe que o cliente preste atenção na respiração buscando um ritmo confortável, inspirando pelo nariz e expirando pela boca. O exercício deverá ser repetido por pelo menos três vezes para que o terapeuta observe as reações do cliente.

1.b Em seguida ao exercício a), o terapeuta pede ao cliente que inspire, prenda a respiração por três segundos (o terapeuta conta até três) e expire. Repetir três vezes.

Quando o cliente sente incômodo na fase inspiração, podemos levar em conta a possibilidade de o cliente temer ameaças que venham do mundo.

1.c Depois o terapeuta pede ao cliente que inspire e prenda a expiração por três segundos (o terapeuta conta até três). Repetir três vezes.

Quando o cliente sente incômodo na fase de expiração, podemos pensar num medo de expressar os sentimentos.

Obs.: o terapeuta não deve aplicar mais do que a, b e c em uma única sessão.

1.d O terapeuta começa propondo o exercício a) e em seguida pede ao cliente que imagine que o ar entra pelo seu nariz e passa por toda a sua cabeça (por fora e por dentro): passa pelos olhos (por fora e por dentro), pelo nariz (por fora e por dentro), pelas orelhas (por fora e por dentro) pela boca (por fora e por dentro... Segue apontando da mesma forma: o pescoço, a nuca, os ombros, braços, cotovelos, pulsos, mãos, dedos, as costas, a coluna, os pulmões, o peito, o diafragma, o abdômen, os quadris, a região pélvica, as nádegas, os esfíncteres, as coxas, os joelhos, as pernas, tornozelos, pés, calcanhares, sola, peito e dedos.

Caso o terapeuta assim o queira, poderá detalhar melhor, incluindo, por exemplo, o couro cabeludo, anus e as genitálias.

Também pode omitir o "por fora e por dentro" e apontar órgãos internos na medida em que percorre o corpo.

1.e Depois do exercício 1d), o terapeuta pede ao cliente que faça sozinho um passeio pelo corpo e busque algum ponto em que sinta a passagem do ar com mais dificuldade ou um ponto de tensão.

O terapeuta aguarda por um tempo, calculando mentalmente o tempo que o cliente deve levar para fazer o percurso, e pergunta se o cliente localizou alguma tensão.

Caso o cliente diga que não sentiu qualquer tensão (na maior parte das vezes com certo orgulho) significa que na verdade não estava fazendo contato com as sensações corporais, estava apenas pensando sobre o corpo. Como existe sempre alguma necessidade emergindo no nosso corpo e tal emergência é sempre assinalada por um aumento de tensão localizada uma observação atenta do corpo mostrará sempre alguma tensão.

Caso o cliente localize uma tensão ou já fale diretamente sobre uma tensão, o terapeuta pede que ele preste muita atenção nela e descreva como é essa tensão: se ela aperta, se ela esgarça, se ela pulsa etc. — exercício sugerido por Kepner (1993).

Quando o cliente descreve a forma da tensão, por exemplo, no pescoço, é uma tensão que aperta, o terapeuta pede que ele repita na seguinte ordem:

- Meu pescoço está apertado.
- Eu estou apertando o meu pescoço.
- Eu me aperto.
- Eu estou apertado.
- Eu estou apertado e essa é a minha vida. A partir de então, o cliente começa a comentar sobre o significado dessa afirmação em sua vida e o terapeuta segue da forma que achar que o relato pede.

Caso: *Joana é uma mulher de 35 anos, casada pela segunda vez há seis anos. O primeiro casamento terminou quando ela descobriu uma traição do marido. Também havia terminado um noivado pelo mesmo motivo. Veio para a terapia com a queixa de que teme que o marido descubra que ela vive buscando evidências de traição no telefone e redes sociais dele e a abandone. Disse* *ter sido uma criança gordinha e tem lembrança do pai, muito amoroso, dando comida para ela. Ele morreu quando ela tinha 7 anos. Emagreceu no início da adolescência e começou a engordar muito depois da morte da mãe. Quando questionada sobre as sensações corporais e sentimentos que experimentava diante das situações, não conseguia fazê-lo.*

O contato com a experiência corporal por meio da respiração ajudou a cliente a ir se dando conta do quanto o medo de ser traída tinha a ver com a experiência da morte do pai que "a traiu quando a deixou ainda criança". Deu-se conta também que engordar era uma forma de manter-se uma criança amada e segura. À medida que intensificava a *awareness* da experiência corporal, pôde considerar a si mesma como responsável pelo autocuidado e isso permitiu que os ciúmes do marido fossem sendo dissipados.

2.3.1.2 O cliente traz um sentimento

2.a O terapeuta pede que ele faça o exercício 1a.

2.b O terapeuta pede que o cliente localize esse sentimento numa parte do corpo.

2.c O terapeuta pede que o cliente dê voz a parte do corpo onde o sentimento está localizado, por exemplo: eu sou a barriga triste que...

2.d Dependendo do desenrolar da fala da parte do corpo em que o sentimento se localiza, o terapeuta poderá propor uma cadeira vazia entre o cliente e a parte do corpo em questão.

Caso: *Paulo é um homem de 48 anos, casado, com dois filhos. Disse ter um casamento tranquilo e uma carreira estável. Sua queixa foi sobre a tristeza que sentia a vida inteira. Foi a um psiquiatra que descartou a depressão e o indicou para terapia.*

No trabalho com a respiração, ele localizou a tristeza no peito e ao travar o diálogo do peito triste com ele, percebeu que a tristeza o estava protegendo desde a infância, quando a expressão da raiva sentida pela violência física que a mãe lhe infligia, poderia agravar a violência. Quando chorava, a mãe diminuía as agressões.

2.3.1.3 O cliente traz uma tensão que interfere na sua postura corporal

3.a O terapeuta pede para o cliente (de pé) nomear a tensão, preferencialmente, com um sentimento.

3.b Em seguida pede para o cliente procurar uma postura em que se sinta mais confortável e nomeá-la.

3.c Se, por exemplo, o cliente nomeou a tensão como raiva e a postura confortável como ação, deverá repetir a seguinte frase: para aliviar a raiva eu preciso agir.

A partir de então, o cliente começa a comentar sobre o significado dessa afirmação em sua vida e o terapeuta segue da forma que achar que o relato pede.

Caso: *Flavia é mulher de 54 anos que veio para a terapia indicada pelo ortopedista, pois ele* não *encontrava razão clínica para a falta de resposta positiva ao tratamento de bursite que a incomodava há muito.*

O exercício respiratório ajudou a que ela fizesse contato com o movimento travado de agredir o marido por conta dos abusos psicológicos que sofria. A *awareness* da ação interrompida coincidiu com uma diminuição das dores. Fato interessante é que um certo dia, ela explodiu numa crise de raiva e agrediu o marido, o sintoma desapareceu (por favor, a reação dela não é uma prescrição).

2.4 PROFLEXÃO

Examinando ainda a interrupção entre a mobilização de energia e a ação, podemos destacar a proflexão.

A pessoa que utiliza a proflexão faz no outro ou pelo outro aquilo que gostaria que fizessem nela ou para ela. Um exemplo disso é o do pai que quis muito ser um médico e não pôde por falta de recursos e hoje faz tudo para que o filho curse medicina, ainda que ele queira fazer engenharia.

Aquele que proflete está sempre disponível para ajudar, mesmo que isso traga para ela vários tipos de problema. Por exemplo, emprestar uma roupa nova que nunca usou e tê-la de volta com manchas; deixar de comprar um carro para emprestar dinheiro para o irmão construir uma piscina na casa dele ou a mulher que levanta da cama febril para levar os filhos para a escola enquanto o marido que tem a mesma carga horária de trabalho remunerado que ela, dorme.

Na proflexão a pessoa vê a satisfação do outro como a única ou a mais importante fonte de satisfação. Ao contrário do que muitas vezes afirma, ela aguarda pelo agradecimento ou consideração pela ajuda que presta, saindo frustrada quando não recebe o reconhecimento esperado.

Na história de quem proflete, há a formação de uma introjeção que impede que ela veja a si mesmo como o verdadeiro merecedor de cuidados. Seu mérito vem do cuidar e, embora diga não esperar retribuição, é um falso altruísta.

Ressente-se de não receber ajuda dos outros e não aceita quando lhe é oferecida, sempre utilizando alguma justificativa que desqualifique tal ajuda. Por exemplo, o outro não sabe como fazer, ele sabe melhor, está com pressa etc.

Quem proflete acaba construindo ao redor de si uma rede de dependência que a todo instante reafirma a sua crença de que o seu lugar no mundo é o de servir, embora isso possa trazer desconforto e sofrimento.

> O que faz a proflexão difícil de lidar para aqueles que são suas vítimas, é que as pessoas que proflexam o fazem em nome da afeição, do dever, do amor, etc. Eles realmente acreditam que seus motivos são puros e acima de qualquer suspeita. Se a outra pessoa conseguir escapar ao sentimento de culpa por ter falhado em responder "apropriadamente" ao comportamento do proflexor, qualquer tentativa sua de o confrontar, terá que enfrentar a dificuldade de não sentir-se ingrato e rude face à (provável) alegação do proflexor de assim agir por amor e dedicação (Crocker, 1984, p. 4).

Como qualquer outra interrupção de contato, a proflexão também pode ser importante quando a pessoa utiliza a sua experiência pessoal para orientar outra pessoa, por exemplo, os pais, conselheiros de dependência e muitos palestrantes motivacionais que utilizam suas histórias pessoais para sensibilizar a plateia.

O trabalho terapêutico com quem proflete é o de ajudá-lo a enfatizar as próprias necessidades como fonte de satisfação em vez de focar nas necessidades dos outros.

Todavia, chegar nesse ponto do processo implica o reconhecimento das ações que executa, das expectativas sobre a reação dos outros em relação a tais ações e as sensações e os sentimentos envolvidos nas inevitáveis frustrações das expectativas que cria.

Como em toda disfunção de contato, a introjeção que sustenta a proflexão não desaparece simplesmente. A atenção na experiência atual deve pôr em questão a relação entre o investimento de energia e o retorno ansiado.

2.4.1 Experimentos para proflexão

a. Tempo de dedicação

Distribuir a folhas com o relógio impresso.

Instruções:

Eu quero que você pense nas pessoas que você ajuda ou cuida.

Agora você vai listar as pessoas nas linhas impressas.

Agora você vai ordenar as pessoas de acordo com o tempo que você dedica a elas, em ordem de quantidade de investimento: 1 para a que você mais investe tempo, 2 para a segunda em ordem de investimento e, assim, sucessivamente.

Agora você vai olhar para o relógio.

Você vai marcar no relógio o tempo investido nas pessoas que você assinalou, respeitando a proporção entre o tamanho do espaço e o investimento de tempo (maior espaço = mais tempo investido).

Agora você vai marcar o espaço de tempo que resta para você.

Observe o trabalho e tente chegar a alguma conclusão sobre o que ele representa da sua vida.

Está sobrando tempo para você?

Você está vivendo a sua vida?

Caso: *Bernadete é uma mulher de 50 anos, viúva há cinco anos, tem um casal de filhos. O homem tem 27 anos e está fora do Brasil trabalhando e estudando, sem pretensão de voltar. A filha de 25 anos está se preparando para casar-se e mudar de estado para seguir o noivo engenheiro. Trabalhou enquanto solteira e depois de casada dedicou tempo integral à família. Ela chega à terapia dizendo-se cansada dos medicamentos que toma para ansiedade e depressão.*

Fazer a técnica ajudou a cliente a dar-se conta de que há muito não tinha uma vida independente da família. Também concluiu que com a saída de casa dos filhos ela estava com muito medo da solidão. Isso fez com que ela se responsabilizasse pela necessidade urgente da construção de uma identidade própria. Como primeira medida ela voltou a estudar.

b. **Pizza**

Distribuir duas folhas cada uma com um círculo impresso com o maior diâmetro que couber e algumas linhas fora de um deles.

Instruções:

Eu quero que você pense nas áreas da sua vida em que você investe energia.

Agora você vai listar essas áreas nas linhas impressas.

Agora você vai ordenar as áreas de acordo com o tempo que você dedica a elas, em ordem de quantidade de investimento: 1 para a que você mais investe tempo, 2 para a segunda em ordem de investimento e, assim, sucessivamente.

Agora você vai olhar para a pizza.

Você vai dividir a pizza em fatias. Cada fatia vai representar uma área e o tamanho vai respeitar o tempo investido nas áreas que você assinalou (maior fatia = mais tempo investido).

Obs.: o terapeuta não deve sugerir áreas porque a inclusão ou omissão delas, certamente, terá um significado para o cliente.

Quando o cliente terminar será convidado pelo terapeuta a fazer comentários sobre o que observa.

Em seguida será pedido ao cliente para dividir o segundo círculo de acordo com o que para ele seria a divisão ideal.

Quando o cliente terminar, deverá colocar as duas pizzas, uma ao lado da outra, e comentar quais as modificações que deve fazer para chegar na divisão ideal.

Obs.: o terapeuta deve apontar quando a divisão ideal for apenas um rearranjo das áreas apontadas na primeira pizza. O cliente deve ser questionado se a falta de novas áreas e/ou o desaparecimento de alguma, na segunda pizza, é um desejo real ou um hábito de não atentar para os desejos verdadeiros.

Caso: *Valéria é uma mulher de 39 anos, é casada, com três filhos adolescentes, trabalha como professora de educação especial na parte da manhã e à noite faz faculdade de Pedagogia. Durante a tarde, ela se ocupa com as tarefas domésticas e a atenção com os filhos. Chegou à terapia indicada pelo cardiologista que não encontrou evidências clínicas para as taquicardias da cliente.*

Ao fazer a técnica das pizzas, a cliente pode perceber com bastante clareza que todo o seu tempo era dedicado às obrigações e que não existia área de lazer em sua vida.

c. Horário semanal

O terapeuta entrega um horário semanal com horários entre 7h e 22h.

O cliente deverá preencher os horários utilizando uma cor diferente para as atividades de lazer.

Ao final deverá comentar a impressão de ver seu investimento de energia durante uma semana. Pode parecer óbvio, mas o impacto da visualização é sempre maior do que apenas falar sobre como distribui os horários.

Figura 3 – Quadro de horários

Dias da semana/horário	2ª feira	3ª feira	4ª feira	5ª feira	6ª feira	Sábado	Domingo
Manhã							
7h-8h							
8h-9h							
9h-10h							
10h-11h							
11h-12h							
Tarde							
12h-13h							
13h-14h							
14h-15h							
15h-16h							
16h-17h							
17h-18h							
Noite							
18h-19h							
19h-20h							
20h-21h							
21h-22h							

CRONOGRAMA DE ATIVIDADES SEMANAIS

Fonte: elaborado pela autora

Caso: Guilherme *é um homem de 45 anos, casado, com um filho com 15 anos. Trabalha em horário integral numa empresa, mas sentiu necessidade de buscar uma nova carreira. Cursa o 6º período de um curso de Administração. Quando precisa resolver qualquer problema utiliza a hora do almoço, inclusive a terapia. Sua queixa é de que só tem obrigações e que até o futebol com os amigos aos sábados tornou-se algo desagradável, pois preferia dormir até mais tarde.*

Quando pôs sua programação dentro do quadro de horários, percebeu que suas atividades iam além do que estava delimitado. Ficou surpreso vendo todos os horários tomados e, a partir disso, pôde, além de constatar a razão do seu desprazer, começar a questionar a sobrecarga de suas atividades.

d. Percentual de tempo investido

O terapeuta pede ao cliente que faça uma lista de com todos aqueles em que ela investe tempo e energia, seja pessoa, animal, lugar etc.

Depois é solicitado ao cliente que coloque um valor percentual para cada elemento da lista, proporcional ao seu tempo total. Nessa etapa a pessoa não deve se preocupar com o somatório dos elementos.

Em seguida o terapeuta entrega uma régua em que serão assinalados os valores percentuais.

Figura 4 – Régua de percentual

Fonte: elaborado pela autora com auxílio de IA

Ao final da marcação terapeuta e cliente conversarão sobre o resultado.

Caso: *Beatriz tem 42 anos, casada, tem duas filhas, é fisioterapeuta e atualmente faz um curso de especialização. Se diz bastante sobrecarregada porque precisa se dividir entre as atividades profissionais e os cuidados com a casa e as filhas. Veio para a terapia com a queixa de que tem dificuldade de dizer não.*

Quando preencheu a escala percebeu que a soma dos seus percentuais ia além de 200%. Isso deu à cliente a noção da urgência de limitar suas atividades.

e. **As minhas, as nossas e as suas responsabilidades**

O cliente faz uma lista de suas ocupações e em seguida sinaliza ao lado de cada uma as que são apenas de sua responsabilidade, as que compartilha a responsabilidade com outros e as que não são de sua responsabilidade.

Depois, terapeuta e cliente devem: observar as diferenças em termos de quantidade de cada categoria; verificar se as atividades de responsabilidade compartilhada também o são em termos de ação; como se justifica a assunção das atividades que são de responsabilidade de outros.

Caso: *Carla tem 37 anos, solteira, mora com os pais já idosos, estando o pai com Alzheimer. Tem duas irmãs casadas que moram em suas casas com maridos e filhos. Veio para a terapia dizendo estar esgotada porque assume sozinha a responsabilidade do cuidado com os pais e que sempre que tenta argumentar com as irmãs a justificativa é a de que ela é solteira e mora com eles.*

Fazer a lista ajudou a cliente a observar que praticamente não tinha atividades cuja responsabilidade era somente dela e que isso acontecia porque estava sempre muito ocupada cuidando dos pais. Essa constatação ajudou-a a sentir-se mais forte para argumentar com as irmãs.

f. **Carregando o peso alheio**

O terapeuta pede para que o cliente faça uma relação de pessoas em que ela investe energia. Depois são oferecidos ao cliente vários saquinhos de areia, com pesos variados. O cliente deverá escolher um saquinho para cada pessoa listada, de acordo com o peso que ele atribuiu. Primeiramente o cliente deverá segurar o peso correspondente a cada pessoa e caminhar registrando o que experimenta. Em seguida, o cliente deverá segurar todos os saquinhos nas mãos ou os saquinhos serão amarrados num fitilho e pendurados nele, que em ambos os casos deverá caminhar registrando a experiência.

Caso: *Jandira tem 30 anos, solteira, artista plástica. Veio para a terapia para aceitar o término de uma relação. Durante as sessões sempre trazia uma grande quantidade de favores que fazia à ex-namorada, incluindo desde marcação de consultas, compras e empréstimo de cartão de crédito. Tinha a esperança de que com isso pudesse trazê-la de volta. Continuou com esse comportamento mesmo depois que a namorada já estava em outro relacionamento, embora a partir de então tivesse começado a reclamar dos esforços inúteis.*

Quando realizou o experimento deu-se conta do enorme esforço que fazia para "carregar" a ex e como isso a impedia de investir energia em outras atividades, especialmente as profissionais que ficavam em segundo plano.

2.5 DEFLEXÃO

No ciclo de contato, após a mobilização de energia e nos momentos iniciais da ação, encontramos a interrupção de contato chamada deflexão.

A deflexão envolve manobras de esquiva de viver emoções que, em maior ou menor grau, são consideradas ameaçadoras à segurança tanto física quanto emocional da pessoa. Nas palavras de Pinto (2015, p. 58), "é a capacidade de sair pela tangente, desviando-se do perigoso ou do muito frustrante de maneira indireta, afim de evitar um confronto mais franco ou profundo".

Tais manobras podem apresentar-se de diversas maneiras, por exemplo: usar o chiste quando um assunto sério está sendo apresentado; mudar de assunto; não ser específico, desmaiar, ter dores de cabeça ou começar a "passar mal" em momentos em que a pessoa tenha dificuldade de enfrentar algo ou alguém.

Enfim, é o uso de qualquer forma de interrupção do contato quando a ação iniciada é pressentida ou percebida como perigosa. Como o personagem Leão da Montanha cujo bordão "Saída pela esquerda", e suas variações, era utilizado sempre que ele se via diante de uma catástrofe iminente.

Como qualquer interrupção de contato, a deflexão pode ser uma forma saudável de agir diante de situações difíceis. A chamada "turma do deixa disso" é formada por aqueles que percebem que uma discussão acalorada pode transformar-se numa tragédia. Podemos considerar a diplomacia como uma forma de deflexão sofisticada, uma vez que consiste em defender interesses baseando-se na inteligência e tratamento cortês nas relações.

Em seu aspecto disfuncional, a deflexão tem como principal objetivo a evitação do que antecipadamente pode ser entendido como causador de algum tipo de dano. Isso significa que a evitação não é um meio para se alcançar algo, mas sim que é ela mesma o próprio objetivo. Por exemplo: é uma interrupção saudável quando um vendedor recebe um cliente irritado e ao invés de discutir cumprimenta o cliente, se põe à disposição e pergunta se ele deseja um copo de água ou café, ao contrário de quando alguém está sofrendo e quando perguntado o porquê dos olhos marejados responde que foi um cisco.

Como o indivíduo que deflete não resolve o que o assusta por meio do enfrentamento, é muito comum que experimente os sentimentos de culpa ou de vergonha. É o que Yontef (1998) chama de "nó culpa vergonha", isto é, evita a ação para não se sentir culpado e sente vergonha por se acovardar.

O trabalho terapêutico com a deflexão disfuncional visa ajudar a pessoa a "enfrentar seus fantasmas" e isso envolve um delicado processo sucessivo de ampliação de *awareness*. Esse inicia com a identificação do comportamento ou atitude deflexivos, ou seja, o terapeuta precisa facilitar a tomada de consciência pelo cliente de que ele "foge" de algumas situações. O terapeuta faz isso chamando a atenção do cliente sobre seus comportamentos ou atitudes de escape, tanto no conteúdo como na forma de seu relato.

Em seguida, e isso não significa na mesma sessão, uma vez que falamos sobre um processo, é necessário que o cliente identifique a função de autorregulação da evitação, qual seja, do que ou para que precisa fugir.

Depois o cliente precisará reconhecer as introjeções catastróficas que sustentam sua deflexão, o que invariavelmente nos conduzirá a busca do entendimento da formação de tais introjeções por meio da história de vida dele.

O passo seguinte seria o de diferenciar as circunstâncias do passado das circunstâncias do presente, além de diferenciá-las como reais ou fantasiosas.

Outra etapa do processo consiste em atualizar as habilidades e capacidades do cliente para lidar com as situações ameaçadoras.

Por último, ajudar o cliente a realizar o enfrentamento na forma em que conscientemente julgar-se capaz.

Quanto aos estágios do processo terapêutico, são várias as formas de defletir, com maior ou menor *awareness* do cliente.

Como dito, anteriormente, o primeiro passo do trabalho com a deflexão é ajudar o cliente a perceber que deflete.

2.5.1 Experimentos para deflexão

2.5.1.1 Perceber que deflete

2.5.1.1.1 Saltar de assunto

a. **Sequência de post it**

O terapeuta pergunta ao cliente se ele já abriu muitas janelas no computador e como isso aparecia na tela. Diante da resposta afirmativa, a terapeuta faz a seguinte proposta: a de que a cada vez que o cliente mude de assunto será colada uma folha de post it sobre outra, de modo que apareça uma aba da folha anterior. Depois de algum tempo, o terapeuta mostra o resultado para o cliente, perguntando se ele poderia dizer qual assunto correspondia a cada aba.

Caso: *Pedro tem 34 anos, solteiro, web designer. Buscou a terapia para trabalhar a dificuldade de estabelecer relacionamentos afetivos duradouros. Nas sessões não se detinha num único assunto, estava sempre saltando de um para outro.*

Fazer o experimento ajudou o cliente a dar-se conta do quanto defletia e como isso fazia com que se perdesse nas conversas. Passou a ficar mais atento aos desvios de assunto, o que permitiu que a necessidade de mudança ganhasse força.

2.5.1.1.2 Sorrir enquanto fala algo sério

a. **Sorriso grampeado**

O terapeuta pede ao cliente que se mantenha "congelando" um sorriso enquanto presta atenção na seriedade do assunto que descreve. Cada frase dita deverá ser seguida da expressão: "isso é muito triste" ou "isso me faz sofrer".

Caso: *Patrícia tem 45 anos é professora, viúva, sem filhos. Veio para a terapia para, segundo ela, aceitar a morte do marido e seguir em frente.*

Por várias sessões, trouxe os fatos relativos à doença do marido, sempre com um sorriso que mais parecia uma careta.

Fazer o experimento fez com ela se dessa conta da dificuldade de fazer contato com o sofrimento. Com isso pôde entender por que não conseguia seguir em frente.

2.5.1.1.3 O bom contador de histórias

Caso: *Fernando tem 32 anos, divorciado, trava na justiça uma briga judicial pela guarda da filha de 5 anos. Veio para a terapia por ordem judicial.*

Inteligente e culto fala sobre assuntos bastante interessantes e quando terapeuta se dá conta, já ficou envolvido nas histórias.

a. **Sherazade**

O terapeuta diz ao cliente que ele é um excelente contador de histórias, que lembra a personagem Sherazade, a jovem árabe que conta histórias durante 1.001 noites para não ser morta. Em seguida, pergunta ao cliente do que ele tem medo.

O relato da história ajudou o terapeuta a denunciar as manobras de esquiva do cliente.

2.5.1.1.4 Não querer ficar mal com ninguém

a. **Querer agradar todo mundo**

O terapeuta conta a história do pai e do filho que vão vender um burro numa vida distante. Ao passar pela primeira vila foram criticados por estarem ambos sobre o animal que iriam vender e resolveram continuar ambos a pé. Na segunda vila foram criticados porque estavam ambos à pé e resolveram que o pai por ser mais velho iria sobre o burro. Na terceira vila foram criticados por isso e resolveram que o filho iria montado. Na quarta vila forma criticados por isso e resolveram carregar o burro. Na quinta vila foram ironizados. Pararam para descansar enquanto pensavam numa solução alternativa e com isso o burro escapou.

Moral da história: quem quer agradar a todo mundo, não agrada a ninguém e muito menos a si mesmo.

Caso: *Marília tem 54 anos, é casada, tem três filhos e é funcionária pública. Veio para a terapia dizendo precisar deixar de preocupar-se demasiado com a opinião dos outros.*

Ouvir a história ajudou a cliente a dar-se conta de que faz algo semelhante. Que não quer deixar ninguém aborrecido, mas, por mais que tente, sempre termina criticada.

Lembrar muitas vezes da história a ajudou a ampliar a *awareness* do seu processo e possibilitou a coragem para manter suas escolhas.

2.5.1.2 Experimentar a deflexão

2.5.1.2.1 A pessoa que vive lamentando

a. **Dar voltas**

Pedir ao cliente que repita seus lamentos, sem parar, enquanto circula em torno de uma cadeira. O terapeuta observa se o cliente começa a ficar tonto e ainda assim continua reclamando.

Caso: *Letícia tem 41 anos, é casada com um homem muito ansioso e o caçula dos dois filhos é autista severo. Veio para a terapia dizendo precisar descobrir uma forma de lidar com o seu cotidiano de muito desgaste físico e emocional. Durante várias sessões sempre aponta alguma justificativa para não aceitar as várias sugestões dadas a ela para dar conta de suas queixas.*

Fazendo o experimento, Letícia percebeu que estava andando em círculos em sua vida e que precisava ter coragem de parar e tomar alguma atitude para que conseguisse chegar em algum lugar.

2.5.1.2.2 A pessoa reclama de alguém ou de algo, mas não toma qualquer atitude

a. **O contrato**

O terapeuta oferece ao cliente uma folha e pede para que ele deixe algum espaço e comece a listar todas as queixas sobre alguém ou algo. O terapeuta pode incluir queixas que já tenha ouvido do cliente e que ele não esteja lembrando no momento (tanto faz se é o cliente ou o terapeuta quem irá escrever).

Terminada a lista, o terapeuta pega a folha e pergunta ao cliente o seu nome inteiro e escreve no espaço livre o seguinte texto: Eu, Fulano (nome todo do cliente), assumo que vou (viver com X ou trabalhar na empresa X etc.) que me: segue a lista feita.

Ao final da lista o terapeuta escreve a seguinte frase: "Para o resto da minha vida."

E dá para o cliente assinar o contrato.

Dificilmente o cliente irá querer assinar e então o terapeuta vai fazer o seguinte questionamento: Como você não quer assinar se já aceita isso todos os dias?

E entrega o contrato para o cliente.

Se o cliente assinar, o terapeuta guarda o contrato com ele. Da próxima vez que o cliente se queixar, o terapeuta vai mostrar o contrato que ele assinou.

Caso: *Ana tem 28 anos, solteira, secretária executiva. Veio para a terapia para resolver o que fazer com um relacionamento de seis anos, com as várias traições e depreciações do namorado, que além de não ter terminado o ensino médio, não consegue parar nos empregos. Quando ela resolvia terminar ele pedia perdão e fazia inúmeras promessas, mas em pouco tempo tudo voltava a ser igual. Sessão após sessão ela trazia as queixas do namorado e quando o terapeuta a questionava sobre suas escolhas ela dizia que o amava e que apesar de tudo sabia que ele a amava também, além de outras justificativas.*

Fazer o contrato ajudou Ana a ver de uma só vez todas as suas queixas, o que causou grande impacto para ela. O grande incômodo permitiu que aos poucos ela pudesse ter coragem para terminar a relação.

2.6 CONFLUÊNCIA

A confluência é uma interrupção de contato em que existe uma perda de identidade individual.

Há na confluência uma tentativa de tornar completo o que é sentido como incompleto. Algo semelhante ao mito das almas gêmeas de Platão segundo o qual existiam seres chamados andróginos que tinham quatro pernas, quatro braços e duas cabeças e que podiam andar para trás e para frente. Esses seres eram tão poderosos que despertaram a ira dos deuses que como castigo os dividiram ao meio. A partir de então esses seres vivem buscando a sua metade amputada.

A confluência também mostra algo semelhante ao conceito de trauma do nascimento de Rank (1962), segundo o qual o nascimento produz um trauma na criança que ao nascer perde a experiência de conforto absoluto do útero materno, conforto esse que buscamos reconstituir por toda vida em nossas relações, a busca de um estado de fusão.

Como qualquer interrupção de contato, a confluência tem um aspecto saudável ou funcional e outro nocivo ou disfuncional.

Em seu aspecto saudável a confluência ocorre quando as fronteiras entre o organismo e o ambiente desaparecem, o momento em que o organismo está satisfazendo as suas necessidades em contato com o ambiente. Nesse momento não existe diferenciação entre organismo e ambiente. Com o *self* desaparecendo no contato, há um sentimento de vazio, que Perls, Hefferline e Goodman (1977) chamam de vazio fértil do qual podem surgir infinitas possibilidades.

Em relação ao grupo, também podem ocorrer situações em que o desaparecimento das fronteiras tenha um aspecto saudável. A generosidade de renunciar ao *self* individual para que as necessidades do grupo sejam atendidas é uma forma positiva e socialmente desejável, por exemplo quando nos referimos há um trabalho de equipe ou a busca de metas coletivas.

Em seu aspecto nocivo ou disfuncional a confluência é um esforço para não se desprender do contato. Há uma resistência em destruir uma figura, em retirar-se do contato e abrir mão da sensação de completude que o contato oferece.

> Neuroticamente, a atitude presente – não reconhecer em absoluto a nova tarefa – é um apegamento à inconsciência, como se estivéssemos nos apegando a um comportamento consumado para obter satisfação, e como se a nova excitação fosse roubá-lo; mas naturalmente, já que esse outro comportamento foi consumado e é costumeiro, não há nenhuma satisfação consciente nele, mas somente uma sensação de segurança (Perls; Hefferline; Goodman, 1977, p. 252).

Não é por acaso que os confluentes não aceitam diferenças e acreditam que as relações ideais são aquelas em que sempre exista consenso, em que não existam discordância, desconhecendo os acordos como a realidade necessária das relações.

O processo de autorregulação do organismo depende da satisfação de múltiplas necessidades e isso só poderá acontecer com o organismo fazendo e desfazendo contatos. Para crescer e desenvolver-se o organismo deve desprender-se do contato, precisa destruir uma figura e dirigir-se a uma outra. Ocorre que para manter-se no contato o *self* deve desaparecer e isso impede o surgimento de novas necessidades. Embora o desejo do confluente seja prolongar o prazer o que acaba experimentando é um sentimento de vazio. Não o vazio fértil da confluência saudável e sim o vazio angustiante da não existência.

Por conta do que foi dito anteriormente o trabalho terapêutico com o confluente, envolve o desenvolvimento da consciência de si, a aceitação da alteridade do outro e a convicção de que é capaz de sobreviver separado.

2.6.1 Experimentos para confluência

a. Dançando no ritmo dos outros

O terapeuta coloca uma série de trechos de ritmos diferentes, pede ao cliente que dance cada um deles e pede que escolha o que mais tenha gostado.

Primeiramente, o terapeuta pede que o cliente dance um ritmo que não era o seu favorito, enquanto o seu ritmo favorito é tocado.

Depois pede que o cliente dance o ritmo que escolheu enquanto o terapeuta coloca outros ritmos.

Depois de algum tempo, comentam a experiência.

Caso: *Verônica tem 20 anos, solteira, vive com os pais. Veio para a terapia porque estava cansada das cobranças dos pais. Eles tinham sido jovens muito bonitos e até hoje têm uma preocupação exagerada com a aparência. Queriam que fosse modelo e ela chegou a fazer alguns trabalhos na infância, os quais dizia ter odiado. Faz questão de andar bastante "largada", isto é, sem a menor preocupação com a aparência. Se diz bissexual, embora nunca tenha tido um relacionamento com um homem.*

Fazer a técnica ajudou a cliente a registrar várias experiências. O incômodo de ter que dançar um ritmo que não era o dela foi associado às pressões da família para que ela agisse contra a sua vontade. O incômodo de continuar dançando o mesmo ritmo, ainda que fosse o dela, foi associado à necessidade de opor-se aos pais por meio da aparência. Na vontade de mudar de ritmo e não poder, deu-se conta de que embora não concordasse com os pais já estava cansada do esforço para opor-se. Isso facilitou a que ela começasse a ponderar sobre até que ponto estava exagerando em sua postura de diferenciação dos pais.

b. Arrastando o peso

Quando o cliente começa a perceber o incômodo da confluência, pode propor o seguinte experimento: pedir ao cliente que escolha, entre várias opções, um peso que represente o peso da confluência. O terapeuta amarra o peso no tornozelo do cliente e pede que ele faça vários movimentos como andar, correr, dançar.

Caso: *Berenice tem 40 anos, casada pela segunda vez. O primeiro marido a deixou com o filho na época com 4 anos. Disse ter feito muitos sacrifícios para cuidar do filho. Quando conheceu o segundo marido, pensou ter encontrado o companheiro ideal, mas aos poucos foi percebendo que ele era uma pessoa extremamente controladora e que sempre reagia muito mal a qualquer movimento de independência dela. Vinha à terapia escondida dele e sempre acompanhada pela mãe, que pagava as sessões.*

O experimento ajudou a cliente a sentir com mais clareza o sentimento de aprisionamento, o que favoreceu que aos poucos a consciência da necessidade de tomar uma atitude em relação ao casamento.

c. Uma história trágica sobre a confluência

Essa é uma história verdadeira que faz parte das minhas memórias infantis.

Na rua onde eu morava tinha dois meninos, considerados "pestinhas" porque eles viviam aprontando. Na época eu tinha 6 ou 7 anos e eles 11 ou 12. Entre suas aprontações, uma era ir para a avenida aguardar quando um caminhão parava num sinal, se penduravam na carroceria e iam até o próximo sinal, fazendo a mesma coisa para voltar. Um dia o caminhão em que estavam pendurados, perdeu a direção e caiu de um viaduto. Quando perceberam que o caminhão caía, um se jogou, machucou-se bastante, mas sobreviveu enquanto o outro agarrou-se ao caminhão e morreu imprensado.

Nunca esqueci dessa história e lembro dela como se tivesse assistido ao acidente. Além da dramaticidade, alguma coisa a mais chamava a minha atenção, se passaram muitos anos para que eu entendesse que o que havia me impressionado tinha sido o fato de que o menino que morreu foi o que se agarrou ao caminhão.

Essa história passou a ser usada quando percebo que algum cliente está vendo que algo vai acabar mal e ele não se afasta.

Caso: *Alberto tem 45 anos e é sócio do irmão e da mãe em vários negócios. Um desses negócios é um galpão próximo a uma comunidade dominada por traficantes. Alberto tem muito medo da ocupação ilegal do espaço e já conseguiu evitar duas tentativas. Colocou a situação para os sócios que acham que não devem preocupar-se e diante disso sugeriu que eles comprassem a sua parte. A mãe não aceita e diz que se ele fizer isso vai abandoná-la e ao irmão.*

Ouvir a história ajudou o cliente a elaborar que, da mesma forma acontecida com o menino, o qual se agarrou ao caminhão em queda, quem se mantivesse apegado à situação de risco iminente também poderia "morrer". A partir daí começou a questionar a posição dos sócios, entendendo como sendo deles a responsabilidade de aceitar o risco.

2.7 EGOTISMO

O egotista é aquele que se coloca como o centro do mundo ou no alto de uma montanha de onde observa a todos os meros mortais na sua majestosa solidão. Suas necessidades estão sempre em primeiro lugar uma vez que está apegado a si mesmo.

A postura de superioridade o mantém no controle, embora essa superioridade possa disfarçar-se num comportamento altruísta que serve mais para exaltar a si mesmo do que para ajudar os outros. Um bom exemplo disso é o do político fazendo trabalho social em véspera de eleição.

A atitude de controle sobre os outros e as situações impede as trocas e que algo novo possa acontecer, gerando no egotista um sentimento de insatisfação e enfado.

Muito comum entre artistas e intelectuais que colocam suas ideias como indiscutíveis e irrefutáveis, utilizando, em seus argumentos, ideias quase inacessíveis para a maioria das pessoas.

Como qualquer interrupção de contato, o egotismo também tem sua forma saudável, uma vez que é saudável, na vida de todas as pessoas, a necessidade de colocar-se em primeiro lugar.

Pode-se fazer uma diferença entre o comportamento egotista neurótico e saudável usando com o exemplo a diferença entre a atitude autoritária e a atitude de autoridade. A atitude autoritária é a exercida pelos ditadores, para os quais a sua vontade deve ser exercida independentemente da vontade de outros, simplesmente porque é a vontade deles. A atitude de autoridade é exercida pelos líderes que muitas vezes precisam impor algo, apesar de muitas vezes não se sinta, pessoalmente satisfeito, como por exemplo um pai que proíbe o filho de ir a uma festa, em consequência de um acordo quebrado, mas que sofre ao ver a tristeza do filho.

Outra forma de egotismo saudável é a que ocorre no processo terapêutico daqueles clientes que não conseguem priorizar suas necessidades e desejos. Para esses, permanecer durante algum tempo na posição de centro de suas vidas é fundamental para o progresso da terapia. Naturalmente, essa é uma fase que deve permanecer apenas enquanto o cliente não desenvolve uma forma equilibrada de estabelecer prioridades.

Segundo Ginger e Ginger (1995, p. 140): "De fato, uma fase de 'recuperação narcísica' parece necessária durante a terapia: ela é, sem dúvida, um elemento motor essencial para que o cliente se encarregue de si mesmo e conquiste a autossuficiência (self-support)".

Na história pessoal do egotista, podem surgir tanto figuras de pessoas que não atenderam às necessidades prioritárias desse, quanto pessoas que não frustraram os desejos mais supérfluos. Felizmente, nem todas, mas muitas pessoas que foram crianças com talentos extraordinários e que foram usadas para a satisfação dos pais, se tornaram adultos egotistas. Crianças que não foram habituadas a ouvir um não, para quaisquer dos seus desejos, também podem tornar-se adultos egotistas, bem como aquelas para as quais as necessidades de afeto, segurança e bem estar não foram atendidas.

O trabalho terapêutico com o egotista envolve o reconhecimento de que a satisfação legítima só pode surgir da relação com um outro e não de uma resposta manipulada. O sofrimento do manipulador egotista é uma espécie de reconhecimento de uma "Vitória de Pirro"[6].

---

[6] O dito "Vitória de Pirro" faz referência a um general grego chamado Pirro, que se conta que ganhou uma batalha ao custo das vidas de todos os soldados.

Todavia, o processo terapêutico do egotista não é muito simples, uma vez que se a tendência dele é a desqualificar o outro, não se pode esquecer que o terapeuta é o outro na relação. O sucesso do processo vai depender bastante da sensibilidade do terapeuta em tocar no sentimento de solidão e medo de abandono do cliente, uma vez que ironicamente é desses sentimentos que o egotista foge.

2.7.1 Experimentos para egotismo

a. **O desafio da enquete**

Como o egotista não leva em conta a posição dos outros, pode ser um grande passo para o processo e um grande desafio para o cliente fazer uma enquete.

Caso: *Lucio tem 35 anos, é casado e veio para a terapia como condição da esposa para não pedir a separação. No início frequentava as sessões a contragosto, mas como o terapeuta procurou enfatizar o ponto de vista dele (independentemente do fato de concordar), ele foi continuando. Numa sessão ele falou com o terapeuta sobre a chegada do aniversário da esposa. Ele estava preparando uma surpresa para ela: levá-la a um hotel, tomar Viagra e oferecer uma noite de muito sexo. O terapeuta perguntou como ele sabia sobre a surpresa ser um sucesso e ele disse ser esse o desejo de toda mulher. Ele trabalhava num lugar com muitas mulheres e o terapeuta propôs o desafio de ele perguntar a pelo menos dez colegas o que elas gostariam de ganhar no aniversário. Para surpresa dele, nenhuma das colegas se referiu a sexo, surgindo respostas como fazer compras, viajar, tratamentos de beleza etc. Ele resolveu contar sobre o seu projeto e sofreu muita chacota das colegas. Quando voltou à terapia contando sobre o resultado da pesquisa, o terapeuta pôde conversar com ele e dizer que sua esposa talvez quisesse o mesmo, mas ele somente poderia ter certeza se perguntasse a ela. Também, caso ele resolvesse levar seu projeto a cabo, sem consulta, deveria assumir o fato do presente ser para ele e não para ela.*

Fazer a enquete permitiu ao cliente colocar em dúvida as suas certezas sem questionamento aos outros.

b. **Conversando com a criança**

Caso: *Mauro tem 30 anos e chega à terapia preocupado com as queixas da esposa sobre a pressão que exerce sobre ela. Sabe que a esposa o ama e leva a relação a sério, mas não consegue controlar as crises de ciúmes. Diz que se arrepende depois, mas sabe que já magoou a esposa. Sua postura no relacionamento é a de um egotista, uma criança que exige uma atenção total e irrestrita.*

Durante o processo trouxe a história de que nunca soube a razão da separação dos pais, simplesmente aos 5 anos dormiu em uma casa e acordou em outra, sozinho com a mãe. Tinha todo o conforto material, mas pouco contato com os pais, que trabalhavam muito, sendo cuidado por empregadas e um motorista que o levava e buscava das atividades. Seu maior medo era de que os pais desaparecessem.

Como o terapeuta já tinha percebido a disponibilidade da esposa do cliente, resolveu convidá-la para uma conversa e depois da autorização do cliente ela veio para uma sessão. O objetivo foi o de sensibilizá-la sobre os medos infantis do cliente, tal como é feito na entrevista com os responsáveis da terapia com crianças.

Na semana seguinte, o cliente teve uma nova crise de ciúmes e a esposa, lembrando da conversa com o terapeuta, teve a sensibilidade de olhar para o cliente e ver uma criança desesperada. Ela ficou comovida com a fragilidade que percebia e teve um movimento espontâneo de abraçá-lo e confortá-lo, o que provocou nele uma crise de choro que durou muito tempo. Quando retornou para a terapia disse ter tido uma sensação de segurança que jamais havia experimentado e que não sabia explicar exatamente o que havia acontecido, mas que algo havia mudado dentro dele.

Ter sido acolhido deu ao cliente a experiência que sempre buscou, o que favoreceu a confiança de não ser abandonado pela pessoa que amava.

2.8 DESSENSIBILIZAÇÃO

A dessensibilização é a interrupção de contato criada por Ribeiro (1997) para referir-se à atitude de frieza e distanciamento afetivo decorrente da dificuldade de *awareness* de sensações e sentimentos.

A gênese da dessensibilização envolve as formas extremas de estimulação, isto é, poucas ou excessivas. Por exemplo, um bebê que permaneça sozinho com uma mãe ausente da relação pelo uso permanente de drogas ou uma criança que cresça num ambiente de extrema violência. Em ambos os casos a dessensibilização pode se tornar uma forma característica de interação com o mundo, os outros e as coisas.

Tendo em vista que qualquer forma de interação do organismo com o ambiente envolve um movimento para a autorregulação, podemos inferir que a dessensibilização tem a função de proteger o organismo, tanto dos possíveis ataques externos quanto da tomada de consciência de sensações e sentimentos que possam reavivar experiências dolorosas.

Para manter a dessensibilização a pessoa precisa anestesiar suas funções de contato, reduzindo a capacidade de funcionamento dos nossos cinco sentidos, de nossa fala e dos nossos movimentos.

O entorpecimento cria uma redoma que protege a pessoa ao mesmo tempo que, ironicamente, a impede de experimentar o que pode existir de acolhedor na relação com o ambiente. A pessoa se protege dos perigos do mundo, mas também não recebe dele o cuidado que tanto precisa.

O resultado do "não sentir", isto é, da falta de *awareness* sobre sensações e sentimentos, uma vez que sentir é uma capacidade própria do ser vivo, é o sentimento de tédio e de embotamento afetivo que faz com que a pessoa veja a vida "em preto e branco".

Ribeiro (1997) sintetiza os sintomas da dessensibilização deste modo: a esperança desaparece. "*Os pequenos sucessos são atribuídos à causas externas ou acidentais. Existe uma sensação de desintegração. A organização não consegue se perceber, fica como um corpo sem emoções.*" (Ribeiro, 1997, p. 84).

Como qualquer interrupção de contato, a dessensibilização também pode produzir efeitos positivos como por exemplo conseguir lidar racionalmente com uma situação de catástrofe em curso, realizar uma cirurgia (tanto para o médico quanto para o paciente) e tantas outras circunstâncias que exijam a suspensão de emoções por algum tempo.

Ainda sobre a interrupção de contato positiva, podemos inclusive associar a dessensibilização ao instante em que estabelecemos a relação Eu-Isso com o cliente, momento da sessão terapêutica em que o terapeuta se concentra em seus conhecimentos técnicos que serão utilizados para trabalhar o fenômeno que surge da relação Eu-Tu estabelecida entre ele e o cliente.

O trabalho terapêutico com o dessensibilizado constitui-se basicamente em ajudá-lo a reconhecer sensações e nomear sentimentos o que permitirá que ele reconheça a sua necessidade autêntica e prioritária. Desse modo, prestar atenção no corpo e na respiração são aspectos fundamentais na terapia.

Uma vez que para dessensibilizar-se a pessoa precisa "corromper" pelo menos algumas de suas funções de contato, a terapia deverá utilizar recursos que facilitem o processo de *awareness* de sensações e sentimentos. Isso se dá com técnicas que ajudem o cliente a experimentar sensações e nomear os sentimentos que tais sensações despertam.

Por exemplo, o trabalho com a visão envolve a experimentação das percepções visuais como cor, matiz, forma, além, é claro, das descrições subjetivas dessas experiências.

Como qualquer disfunção de contato, a dessensibilização visa originalmente proteger a pessoa de "sentir" o que pode ameaçar sua segurança, então é fácil imaginar que o dessensibilizado tenha fantasias de não suportar entrar em contato com alguma sensação ou sentimento.

É importante chamar a atenção para três fatos: o primeiro é que o trabalho com as funções de contato envolve sempre a noção metafórica dessa função. Por exemplo, olhar tanto pode ser observado em termos de percepção como em termos metafóricos de "ver". Como no bordão do programa humorístico: "tem pai que é cego" em que o pai se gaba de que o filho é "machão" e o filho é gay.

O segundo fato é que partindo da noção de que nossa musculatura está envolvida em todas as nossas funções de contato, o trabalho com os movimentos estará sempre presente.

O terceiro fato é de que como o tato também é entendido em suas funções metafóricas, devemos levar em conta como a pessoa é tocada em cada uma das suas funções de contato.

2.8.1 Experimentos para dessensibilização

a. Fazendo contato com as sensações

Como dito anteriormente, o trabalho terapêutico com o dessensibilizado envolverá sempre o prestar atenção na respiração e o trabalho com as funções de contato. Desse modo, observar imagens; ouvir ou movimentar-se ao som de músicas variadas; tocar diferentes texturas; segurar diferentes pesos; sentir variadas temperaturas; emitir sons variados; provar diversos sabores e experimentar aromas variado mostram a infinidade de possibilidades de ajudar uma pessoa a recuperar a capacidade de dar-se conta de suas sensações.

Parece algo insignificante, mas é a capacidade de dar-se conta de sensações e sentimentos básicos o que aos poucos ajuda a pessoa a ter clareza de suas necessidades legítimas.

b. Respiração e consciência corporal

O terapeuta propõe que o cliente preste atenção na respiração buscando um ritmo confortável, inspirando pelo nariz e expirando pela boca. O exercício deverá ser repetido por pelo menos três vezes para que o terapeuta observe as reações do cliente.

Em seguida pede ao cliente que imagine que o ar entra pelo seu nariz e passa por toda a sua cabeça (por fora e por dentro): passa pelos olhos (por fora e por dentro), pelo nariz (por fora e por dentro), pelas orelhas (por fora e por dentro) pela boca (por fora e por dentro... Segue apontando da mesma forma: o pescoço, a nuca, os ombros, braços, cotovelos, pulsos, mãos, dedos, as costas, a coluna, os pulmões, o peito, o diafragma, o abdômen, os quadris, a região pélvica, as nádegas, os esfíncteres, as coxas, os joelhos, as pernas, tornozelos, pés, calcanhares, sola, peito e dedos.

Caso o terapeuta assim o queira, poderá detalhar melhor, incluindo, por exemplo, o couro cabeludo, anus e as genitálias.

Também pode omitir o "por fora e por dentro" e apontar órgãos internos na medida em que percorre o corpo.

Caso: Marcia tem 37 anos, é solteira, filha caçula de quatro irmãs. Deixou de trabalhar para tomar conta da mãe e parece viver em função dessa tarefa. Não tem qualquer relacionamento afetivo ou vida social. Às vezes faz salgados para a irmã que trabalha com organização de festas. Diz se sentir impotente e paralisada e às vezes esquece a idade que tem. Não conseguiu discriminar uma razão objetiva para buscar a terapia.

Ao realizar a técnica, a cliente se deu conta do quanto se sente cansada e sufocada. Disse que percebeu ter direito à vida, mas não sabe como. A experiência com a técnica permitiu o início de um processo cada vez mais intenso de ampliação de *awareness* das necessidades.

c. Despertando as funções de contato

Apresente ao cliente algumas fotos de belas e variadas paisagens no tamanho A2 ou A3.

O ponto de vista da imagem deve ser próximo o suficiente para que o observador consiga descrever os elementos da cena com a maior riqueza de detalhes possível.

Instruções da técnica

Escolha uma das fotos.

Observe a cena.

Qual a impressão que essa cena causa a você?

Observe os detalhes da cena, sem pressa.

Observe que a cada detalhe que você faz contato, uma parte do seu corpo é despertada.

Qual é a sensação despertada no seu corpo?

Continue observando os detalhes da cena e registrando como seu corpo vai sendo sensibilizado nesse contato.

Quando tiver explorado a cena o suficiente, apenas desvie o olhar da figura.

Ao término da exploração cliente e terapeuta comentam a experiência.

d. **Registrando os modos de interrupção do contato**

Ao final da aplicação da técnica anterior, observar o relato do cliente, pois existirá uma grande possibilidade de que surja a forma peculiar do cliente interromper o contato.

Se ele:

- Não conseguiu entrar na cena, se apenas descreveu os elementos da cena sem que fizesse referência à mobilização do corpo. O terapeuta tem diante de si um exemplo de dessensibilização.
- Descreve a imagem em termos de "deverias". O terapeuta tem uma amostra de introjeção.
- Usa a imagem apenas como fundo para a criação de uma história que atenda aos seus desejos. O terapeuta tem uma amostra de projeção.
- Começa a trazer para a experiência pessoal aspectos da cena. É um caso de retroflexão ou egotismo.
- Abandona completamente a figura e começa a trazer um outro assunto qualquer. É deflexão.

e. **Exagerar um gesto característico**

Introdução da técnica

As pessoas, em geral, possuem alguns gestos característicos, como um movimento dos membros, expressões faciais ou verbais etc. e ainda que não sejam percebidos por elas, são sinalizados pelos outros, em algum momento. Os caricaturistas, muitas vezes, se pautam nesses gestos para a construção dos tipos, tal a facilidade de se constituírem em figuras representativas para aqueles que observam a pessoa.

Instruções da técnica

- Concentre-se em seu gesto característico.
- Em que parte do seu corpo surge esse gesto.
- Como é esse gesto.
- Faça esse gesto e procure descrevê-lo detalhadamente.
- Repita esse gesto sucessivamente.
- À medida que as repetições se sucedem, fique atento a sensações, sentimentos, pensamentos ou necessidades que surgirem.
- Registre o que tiver percebido.
- Abra os olhos.
- Comente a experiência.

Caso: *Jeferson tem 35 anos e veio para a terapia para trabalhar a dificuldade de expressar o que sentia. O terapeuta observou que o cliente tinha um gesto habitual de manter os lábios fechados com o polegar e o indicador formando uma pinça.*

Fazer o experimento ajudou o cliente a dar-se conta do quanto precisava se conter para não expressar o que sentia.

f. **Garatuja**

Utilizar a música Eine kleine Nachmusik. Serenade no. 13 in G major KV 525 de Mozart.

Uma folha de papel A3.

O cliente escolhe dois lápis de cera de cores diferentes.

Instruções preliminares
Instruções da técnica

O cliente deverá ser instruído a permanecer de olhos fechados durante a execução de toda a música e, além disso, trabalhar com as duas mãos, simultaneamente.

Ao som da música deverá riscar o papel e tentando que as mãos passem as emoções que experimentar. O terapeuta não deve prender a folha para que possa observar as tentativas de controle pelo cliente.

O terapeuta deverá observar, ainda, se:

- O cliente usa as mãos simultânea ou alternadamente.
- Utiliza apenas um pequeno espaço da folha.
- Se expande não se importando com os limites da folha etc.

Ao final da música, abrir os olhos e fazer um comentário sobre a experiência.

Em seguida, o terapeuta relatará o que observou no comportamento do cliente durante a realização do trabalho e pedirá que o mesmo associe tal observação à sua vida.

Por exemplo, o terapeuta pode dizer: Você ficou preocupado em segurar o papel e isso prendeu seus movimentos.

O terapeuta pedirá que o cliente repita tal observação da seguinte forma: Na minha vida eu me preocupo em segurar o papel e isso prende meus movimentos.

Em seguida o cliente deverá descrever como essa declaração está relacionada à sua vida.

Caso: *Gabriela tem 34 anos e veio para a terapia porque toda a vida foi criticada pelos outros, especialmente o marido, por não demonstrar o que sentia. Em certa sessão ela comentou sobre uma tensão permanente nas mãos e que muitas vezes acordava com dores.*

Fazer o experimento ajudou-a a perceber a necessidade de expressar os sentimentos de raiva, como os continha e a necessidade de contê-los, observando a reduzida utilização do espaço e a preocupação de não sujar a mesa.

g. Garatuja 1

O exercício anterior pode ser feito deste modo:

O terapeuta solicita ao cliente que:

- Observe a garatuja e escolha um ponto que mais tenha chamado a atenção.
- Contorne esse ponto, interferindo o mínimo possível no traçado já produzido, dando-lhe uma forma.
- Descreva essa forma.
- Relacione a descrição dessa forma com a descrição do todo do toda da garatuja.
- Se identifique com essa forma repetindo na 1ª pessoa a descrição feita.
- Identifique a sua relação com o mundo à partir da relação entre a parte e o todo do traçado, repetindo a frase: Eu me sinto no mundo como...

Caso: *Geraldo tem 42 anos e veio para a terapia para tentar entender uma sensação de mal-estar que não conseguia saber a que se referia. Já tinha feito vários exames quando foi encaminhado para terapia.*

Fazer o experimento ajudou o cliente a perceber a dificuldade de fazer contato com a tristeza. Ele não chorava desde a infância quando sua mãe ameaçava tirar dele um brinquedo caso chorasse.

h. Trabalho com o corpo [7]

Pés e mãos

- Sente-se de modo a poder facilmente tocar os pés.

Instruções preliminares

- Abra os olhos.

---

[7] Todas as músicas desse experimento são da cantora Enya.
As músicas "Paint the sky with stars", "Watermark" e "Caribbean blue" fazem parte do álbum "Paint the sky with stars". A música "Flora's secret" do álbum A day without rain e a música "May it be" da trilha sonora do filme *Lord of the rings*.

- Observe os seus pés. Música: "Paint the sky with stars".
- Como são os seus pés?
- São pés grandes?
- São pés pequenos?
- São pés fortes?
- São pés frágeis?
- Alguma coisa chama a atenção nos seus pés?
- Como você tem cuidado dos seus pés?
- Toque os seus pés.
- O que suas mãos percebem nesse toque?
- Como seus pés recebem esse toque?
- Como seus pés estão ao te ajudar a caminhar?
- Ao te ajudar a ir?
- Ao te ajudar a voltar?
- Eles estão calejados?
- Estão machucados?
- Estão doloridos?
- Estão embrutecidos?
- Aos poucos se despeça de seus pés.
- Agora observe suas mãos. Música: "Watermark".
- Como são as suas mãos?
- São mãos grandes?
- São mãos pequenas?
- São mãos fortes?
- São mãos frágeis?
- Alguma coisa chama a atenção em suas mãos?
- Como você tem cuidado das suas mãos?

- Como suas mãos estão te ajudando a dar?
- A receber?
- A buscar?
- A levar?
- A evitar?
- A entregar?
- Elas estão calejadas?
- Estão machucadas?
- Estão doloridas?
- Estão embrutecidas?
- Feche os olhos.
- Toque o seu rosto. Música: "May it be".
- Que máscara suas mãos identificam?
- Uma máscara: alegre, triste, delicada, endurecida?
- Como seu rosto recebe o toque de suas mãos?
- Toque todo o seu corpo (Continua "May it be").
- O que suas mãos percebem ao tocar seu corpo?
- O que o seu corpo sente ao ser tocado por suas mãos?
- Quando terminar a exploração aguarde alguns instantes em silêncio.
- Abra os olhos.
- Levante-se e em silêncio.
- Experimente usar o seu corpo para criar uma forma. Música: "Caribbean blue"/"Flora's secret".
- Utilize a música para dar movimento a forma.
- Ao término da música, retorne ao seu lugar.
- Permaneça em silêncio por alguns instantes.
- Comente a experiência.

Caso: Karina *tem 39 anos e chegou na terapia com a queixa de que está sempre cuidando dos outros e por isso não tem tempo para cuidar de si mesma. Numa sessão disse que não prestava atenção no próprio corpo e assim foi convidada para fazer a técnica.*

A partir do experimento Karina pode começar a prestar mais atenção ao corpo e isso foi ajudando a que aos poucos fosse priorizando o próprio bem-estar.

i. **Experimentando a leveza**

O terapeuta oferece um balão para o cliente que deverá enchê-lo. Em seguida, ao som de uma música suave, deverá dançar de acordo com o ritmo da música e ao mesmo tempo manter o balão no alto, usando as mãos.

O terapeuta deverá observar o ritmo do cliente, bem como a força que impõe ao balão, isto é, observar se ele utiliza mais força do que o necessário para manter o balão no alto. Caso isso aconteça convidá-lo a modular a intensidade da força.

Caso: Kely *tem 39 anos e veio para a terapia queixando-se de sua rigidez e que sente isso no próprio corpo. Diz que teve uma vida muito dura e teve que ter muita disciplina para superar uma infância de muita pobreza, que agora não precisa mais disso, mas não consegue fazer diferente.*

Experimentar a técnica ajudou a cliente a observar diretamente no corpo a tensão necessária para o movimento e a sensação de leveza à medida em que conseguia modular essa tensão. Isso possibilitou que ela começasse a prestar atenção na tensão do seu corpo nas demais situações da sua vida.

3

FECHANDO A GESTALT

O ciclo de contato inicia quando a pessoa se dá conta de uma sensação ou sentimento, o que sinaliza o surgimento de uma necessidade cuja satisfação irá promover a autorregulação do organismo. Chamamos isso de gestalt aberta.

A *awareness* da necessidade mobiliza a energia do organismo em busca de sua satisfação, impedindo desse modo que outra necessidade ganhe força para a busca de sua satisfação.

O ciclo de contato é concluído quando o organismo encontra no ambiente aquilo que satisfaz a sua necessidade, promove a autorregulação e a partir daí cresce e se desenvolve. Chamamos a isso de gestalt fechada.

Por outro lado, quando pensamos na vida de qualquer pessoa entendemos que as necessidades não surgem ordenadamente uma após a outra. Temos muitas necessidades simultâneas e precisamos estabelecer uma hierarquia de prioridades para não ficarmos paralisados diante das múltiplas possibilidades de satisfação.

Todavia, estabelecer uma hierarquia de necessidades pode não ser suficiente para liberar a energia bloqueada pelas múltiplas requisições de direcionamento.

Conseguimos conviver com muitas necessidades não atendidas, desde que não sejam consideradas prioritárias. Assim, o reconhecimento da impossibilidade de satisfação, isto é, a renúncia à busca de uma satisfação para uma necessidade reconhecida como importante é uma condição necessária ao nosso processo de autorregulação.

Contudo renunciar a uma necessidade importante envolve, necessariamente, a aceitação da frustração de expectativas em relação ao mundo o que estabelece um conflito entre os movimentos de aproximação e afastamento de um objeto e gera raiva.

Muitas vezes a frustração é reconhecida como sinônimo de raiva e embora tal relação não seja verdadeira, torna-se fácil de assim ser reconhecida, uma vez que a raiva é a consequência natural da frustração.

Enquanto na frustração a vivência é a de sentir-se impedido e bloqueado, na raiva a vivência é a da necessidade de quebrar ou destruir a barreira que é vivida como empecilho à satisfação.

Em princípio frustração e raiva são dois sentimentos tão naturais quanto a alegria e a tristeza e não existe nada de errado em quem os experimenta.

> Sem frustração não existe necessidade, não existe razão para mobilizar os próprios recursos, para descobrir a própria capacidade, para fazer alguma coisa; e, a fim de não se frustrar, o que é uma experiência muito dolorosa, a criança aprende a manipular o ambiente (Perls, 1977, p. 54).

A duração da batalha para aceitar o sentimento de frustração e de raiva está intimamente ligada ao apego ao objeto.

O apego mantém a pessoa fixada num objeto, o que impede a frustração pelo reconhecimento da perda e promove a manutenção da raiva. Desse modo o apego ao objeto e a não aceitação da frustração constituem uma situação inacabada.

De acordo com Perls (2002), a emoção correspondente às situações inacabadas é o ressentimento. À medida que a pessoa não renuncia ao objeto, ela aumenta o seu ressentimento ao mesmo tempo em que não busca novas situações que possam trazer satisfação.

> Se o "ressentido" assimilasse a situação, teria de soltar, renunciar ao objeto de fixação, encerrar a situação, sofrendo o transtorno emocional do trabalho de luto para alcançar o ponto-zero emocional de resignação e liberdade. [...]

> As pessoas são envenenadas pela amargura contra o mundo inteiro se não conseguem descarregar sua fúria contra um objeto em particular (Perls, 2002, p. 253).

Uma vez que o ressentido impede a manifestação explícita da raiva, o bloqueio das emoções gera, de acordo com Perls (2002), uma intoxicação emocional.

Já no entendimento de Polster e Polster (2001), o ressentido sente-se lesado, ferido e culpa alguém pelo seu desconforto ou sofrimento. Sua conduta pode oscilar entre exigir esforços extenuantes de reparação do outro ou buscar satisfazer a si mesmo. Como suas exigências tendem a ser irrealistas, o ciclo vicioso frustração — ressentimento se instala levando a pessoa a uma postura de autopiedade e a comiseração.

O que fazer então para fechar as situações inacabadas, aceitar a frustração e não sentir ressentimento?

Começamos buscando entender a frustração. Como dito anteriormente, a frustração envolve um bloqueio à satisfação de um desejo, então temos no início de tudo, um desejo cuja satisfação pode depender de outra pessoa. Muitas vezes esse desejo toma a forma de exigências na relação com o outro e na maioria das vezes não é expresso de maneira clara e direta.

Assim, a pessoa precisa compreender que embora sua necessidade seja importante, o fato de sua satisfação depender de um outro pode torná-la inacessível, por exemplo, em caso de morte; caso esse outro não compreenda seu papel na satisfação dessa pessoa ou mesmo não esteja disponível para atender as expectativas daquele que as mantêm. Todavia, é importante assinalar que o processo terapêutico não tem o poder de fazer com que uma pessoa renuncie seja ao que for.

Renunciar a necessidades importantes é sempre um processo doloroso que exige muito esforço físico e emocional e por isso é muito importante que nesse momento seja reservado um tempo para uma vivência de fechamento.

3.1 EXPERIMENTOS PARA FECHAMENTO DE GESTALTEN

a. A cadeira vazia

A cadeira vazia pode ser considerada uma técnica clássica da GT, embora sua origem esteja no Psicodrama de Moreno. Ela facilita o trabalho de expressão dos sentimentos do cliente, ajuda a compreensão dos conflitos intrapessoais e interpessoais, além de favorecer o fechamento de situações inacabadas. Muitas outras técnicas podem ter a cadeira vazia como continuidade como por exemplo, o trabalho com o sonho que pode ter o diálogo entre os elementos do sonho.

Caso: *Natália tem 38 anos, veio para a terapia para definir um relacionamento com um homem que tinha dificuldade com a separação legal da ex-mulher por conta da sociedade que tinham em uma empresa. Sentia-se culpada pelo relacionamento com um homem descasado. Tinha sido criada com muito carinho e cuidado pela avó, uma mulher muito devota e apegada aos dogmas religiosos. Sua avó faleceu antes dela iniciar o relacionamento.*

"Conversar" com a avó, alternando as posições, ora sendo ela mesma, ora sendo a avó, permitiu que "ouvisse" o que gostaria: que a avó, embora não ficasse contente com a escolha, como sempre, daria mais importância à felicidade dela.

b. Carta

O cliente pode querer despedir-se ou desculpar-se de alguém, mas quer manter o fato e razão em segredo, inclusive para o terapeuta.

O cliente escreve e em seguida queima o texto, depois escolhe onde quer se desfazer das cinzas.

c. Viagem de fantasia

Instruções preliminares

Instruções da técnica (Incluir fundo musical suave)

Imagine que você está num porto.

Imagine que tem um barco esperando por você. Ele te levará por muitos lugares, outros portos, muitas praias. Durante a viagem você poderá escolher por onde navegar, por onde aportar e por quanto tempo resolver ficar.

Você entra no barco, vê o nó de corda que o prende ao cais, vê a âncora sendo levantada e percebe o seu lento afastamento.

Enquanto se afasta da terra você vai observando o que fica para trás, experiências felizes e experiências tristes, até que tenha desaparecido.

Agora olhe para o horizonte e escolha seu próximo destino.

Caso: *Regina tem 43 anos e veio para a terapia para conseguir terminar um casamento que estava certa de que havia já havia acabado. Esteve casada por 18 anos e diz ter suportado as traições e maus tratos do marido por conta dos filhos. Depois que os filhos já tinham ido para a terapia em consequência do péssimo clima familiar ela deu-se conta de que em vez de ajudá-los estava os prejudicando.*

Depois de algum tempo, conseguiu o divórcio e na sessão seguinte à assinatura dos documentos chegou na terapia dizendo experimentar um sentimento muito estranho, um misto de liberdade e vazio. Trabalhando esse sentimento, pode dar-se conta de que a separação também envolve a perda das esperanças e investimentos feitos na relação. Que alguns momentos tinham sido muito bons, principalmente o nascimento dos filhos.

Fazer a técnica foi uma forma de ajudá-la a honrar o que existiu de bom na relação, afirmar a necessidade de abandonar o que foi ruim e reafirmar a esperança de dias melhores.

d. Feedback do ano

Pedir ao cliente que, trabalhando com uma folha ofício não sentido horizontal, trace cinco colunas.

Na 1ª coluna serão colocadas as metas definidas no final do ano anterior para o ano em curso.

Na 2ª coluna listar as metas alcançadas.

Na 3ª coluna listar as metas não alcançadas.

Na 4ª coluna listar os fatores que contribuíram para o alcance das metas.

Na 5ª coluna listar os fatores que prejudicaram o alcance das metas

Virar a folha e traçar quatro colunas.

Na 1ª coluna listar os projetos para o ano seguinte.

Na 2ª coluna transportar os fatores listados anteriormente como facilitadores.

Na 3ª coluna transportar os fatores listados anteriormente como complicadores.

Na 4ª coluna pontuar o prognóstico para a realização dos projetos definidos.

Terapeuta e cliente discutem a atitude do cliente sobre sua vida.

Caso: Miguel *tem 30 anos e veio para a terapia com a queixa de que tem o péssimo hábito de procrastinar. Numa das últimas sessões do ano, comentou sobre os muitos projetos não realizados ou não concluídos, o terapeuta convidou-o para realizar a técnica.*

Fazer a técnica ajudou o cliente a ter mais clareza dos movimentos de procrastinação e também causar um incômodo diante da previsível repetição da frustração pela não realização dos projetos.

e. O saco de mágoas

Material: um punhado de brita, uma caixa do jogo pequeno engenheiro ou blocos de madeira semelhantes, um saco de mais ou menos 15 x 10 cm de plástico, tecido ou TNT e um cadarço.

Pedir ao cliente que represente cada uma de suas mágoas com uma pedra e que as coloque no saco.

O terapeuta vai amarrar o saco de pedras no pulso da mão dominante do cliente e em seguida pedir que ele monte uma cidade usando os blocos de madeira.

Depois de alguns minutos de tentativas, cliente e terapeuta comentarão a experiência.

Caso: *Sofia tem 45 anos e chegou à terapia dizendo precisar esquecer o ex marido que havia pedido a separação para ir viver com uma mulher que conheceu na empresa em que trabalha. A separação foi repleta de acusações mútuas, brigas sobre partilha de bens, além do sentimento de humilhação que diz experimentar por ter sido trocada por uma mulher muito mais jovem. Ela diz não desejar reatar o casamento, mas gostaria de que o marido pedisse para voltar para que ela pudesse se vingar.*

Fazer a técnica ajudou a cliente a perceber que o ressentimento impedia que ela que ficasse livre para reconstruir sua vida.

4

REPARAÇÃO

Reparar algo significa atenuar ao máximo algum tipo de dano sofrido, não é fazer desaparecer totalmente os efeitos do estrago e sim minimizá-los ao máximo, tornando-os quase imperceptíveis.

Embora nenhum reparo possa ser capaz de restituir a integridade inicial de um objeto, ele pode restituir ao máximo a funcionalidade original ou minimamente proporcionar novas possibilidades de utilização. Essa observação também pode ser considerada válida para as pessoas.

Assim como os objetos, nosso contato com o mundo causa em nós muitos arranhões e desgastes e podemos nos tornar mais feios ou mais bonitos pelas imperfeições que adquirimos. Todavia existem experiências que são tão danosas que causam fraturas que inviabilizam nossa "funcionalidade".

"O trabalho da psicoterapia é alterar o senso que o indivíduo tem de seu fundo, de modo que tais experiências novas possam agora ser harmoniosas com sua natureza" (Polster; Polster, 2001, p. 49).

"Em certo sentido, toda a vida de uma pessoa forma o fundo para a vida presente" (Polster; Polster, 2001, p. 48), de modo que o significado que damos às nossas experiências passadas influencia nossas expectativas e ações

Polster e Polster (2001) consideram como fundo da vida de uma pessoa tanto o conjunto de suas vivências quanto as situações inacabadas. Esse fundo não é apenas um somatório de experiências, ele é um arranjo de infinitas combinações que interferem em nosso presente e não pode ser reduzido a fatos, pensamentos, sentimentos e sensações isolados.

Nossas memórias nunca são reproduções fiéis de uma realidade pura e verdadeira, são o resultado de significados atribuídos às nossas experiências que estão em constante transformação pela incorporação de novas vivências e seus respectivos significados, como descreveu Husserl (apud Tourinho, 2013). Da mesma forma, nossas ações não podem ser explicadas por fatos imutáveis e previsíveis, pois sempre dependerão tanto de um fundo quanto de uma situação presente, ambos sempre em transformação.

Como uma pessoa conduz sua vida no presente envolve os dados circunstanciais atuais e todo um aglomerado de fatores que atuam predominantemente na forma inconsciente como crenças sobre quem se é, como os outros são e como o mundo funciona. Dar um novo significado para antigas experiências pode promover uma nova perspectiva sobre si mesmo, os outros e o mundo. Por exemplo, lembrar de uma situação em que o pai ensina o filho a andar de bicicleta pode alterar a imagem desse de que seu pai era distante. Uma mulher casada e sobrecarregada de atividades pode reavaliar o comportamento estressado de sua mãe, em sua infância, a partir da própria experiência. Ou rever acontecimentos referidos apenas como dolorosos como aqueles que tornaram possível o aprimoramento das próprias capacidades.

Assim, o trabalho da GT quando se trata de reparação é o de possibilitar à pessoa uma nova experiência que possa permitir que ela interaja com o mundo de acordo com o que acontece aqui-agora, e não como uma eterna tentativa de resolver uma situação o que nunca ocorre porque sem o saber a pessoa não incluiu novas circunstâncias ou capacidades.

> Assim, em psicoterapia procuramos a instigação de situações inacabadas na situação atual, e, por meio da experimentação atual com novas atitudes e novos materiais da experiência do dia a dia concreto, visamos uma integração melhor. O paciente não se lembra de si mesmo, simplesmente reembaralhando as cartas, mas "acha e faz" a si próprio (Perls; Hefferline; Goodman, 1977, p. 48).

O desafio do terapeuta é o de conseguir propor ou sugerir vivências que possibilitem a reconfiguração de um novo fundo que propiciem novas experiências. A pessoa deve "repassar" a sua vivência de paralização ou impotência pelo filtro da novas capacidades e possibilidades.

"É insuficiente simplesmente contar um incidente passado, tem-se que retornar a ele psicodramaticamente" (Perls, 1973, p. 78).

4.1 EXPERIMENTOS DE REPARAÇÃO

a. Sucata

Trabalhos com sucata são excelentes recursos para trabalhos de reparação.

A possibilidade de transformar lixo em algo útil é uma forma concreta de reparação que certamente ajudará o cliente a apropriar-se de sua capacidade de recriar.

Caso: *Amanda tem 36 anos, casada, e um filho de dois anos. Veio para a terapia preocupada com o seu casamento. Diz que o marido é uma pessoa tranquila, bom marido e bom pai, mas que parece estar ficando cansado das dificuldades emocionais dela. Amanda teve experiências muito ruins de abandono, violência física e sexual, até os 20 anos quando conseguiu um emprego que possibilitou uma vida independente.*

O terapeuta apresentou um trabalho com sucata e a partir de então ela pediu que isso fosse feito sempre nas sessões. Disse que isso dava a ela um imenso prazer e com o tempo acabou transformando a sucata num trabalho que ofereceu renda.

Fazer a técnica ajudou a cliente a sentir o prazer da capacidade de recriar e foi aos poucos se expandindo para a sua vida pessoal.

b. Experimentando agora

Caso: *Gabriel é um exemplo desse processo. Ele é um homem de cerca de 35 anos, muito forte e com a expressão de quem está pronto para entrar numa briga. Num trabalho vivencial para um grande número de pessoas, ele tomou coragem para expor uma experiência dolorosa da infância. Ele tinha ao redor dos 6 anos e caiu da bicicleta numa poça de água numa rua bastante movimentada. Ele contava com o corpo trêmulo, quase em lágrimas, a raiva que sentiu quando todos riram dele. Me aproximei dele e perguntei suavemente no seu ouvido se ele estava se sentindo fragilizado naquele momento e diante da sua confirmação, perguntei se ele poderia correr o risco de olhar para os presentes e ver se eles estavam rindo dele. Primeiramente ele olhou para os mais próximos e foi convidado a olhar para todos que ali estavam. Perguntei se ele via alguém rindo dele e me respondeu que não. Reforcei a proposta pedindo que ele olhasse mais uma vez e me respondesse se tinha certeza de que ninguém ria dele.*

Perguntei como ele se sentia e ele disse que não sabia explicar. Para não o expor além do necessário, sussurrei em seu ouvido perguntando se ele estava vendo "o menino" naquele momento e ele disse que sim. Eu disse que daria a ele uma tarefa que seria a de "conversar" com o menino e dizer a ele palavras que o tranquilizasse, que desse à criança o apoio que ele precisava naquele momento. Ao final do trabalho quando praticamente todos já tinham deixado o local, ele se aproximou e disse que estava muito impressionado com o fato de ter finalmente compreendido por que era uma pessoa tão reativa, que havia entendido que ainda era aquele menino se defendendo do deboche das pessoas.

Como Gabriel muitas pessoas tornam-se adultas se defendendo dos maus-tratos sofridos na infância, reativos às situações que muitas vezes não têm o mesmo propósito, mas são experimentadas como tal. Essa reatividade automática, impede que a pessoa viva outras situações que deem a ela uma noção de que essa é apenas mais uma experiência dentre tantas que podem ser de vergonha, mas também de acolhimento. No caso de Gabriel, como ele se tornou uma pessoa reativa, não se permitia ficar numa condição de fragilidade que pudesse despertar nos outros uma atitude de acolhimento e assim perpetuava o ciclo vergonha/raiva.

O que aconteceu com Gabriel foi a possibilidade de viver uma nova experiência em que pode permanecer frágil e ser acolhido por muitas pessoas. O fato de ter podido viver uma nova experiência, obviamente não tem o poder de apagar a experiência de vergonha, mas certamente o ajudará a ter uma expectativa sobre as pessoas que não seja apenas de desconsideração de seu sofrimento.

c. A carta

Algumas vezes, a cadeira vazia pode não ser a melhor opção, por exemplo, se o cliente se sentir inibido com a dramatização ou se o terapeuta avaliar que outra maneira de estabelecer um "diálogo" seja melhor. Então uma carta pode ser um recurso importante para a ampliação de *awareness* do cliente porque faz com que o mesmo fique atento ao que sente durante a sua elaboração.

Caso: *Daniel tem 34 anos e veio para a terapia trazendo como queixa a baixa autoestima. Numa das sessões trouxe a tristeza e a culpa pelo sofrimento imposto ao pai, segundo ele um homem muito bom. Daniel diz que, inicialmente, teve contato com drogas por curiosidade e viciado começou a roubar. Foi preso e* *pegou alguns anos de detenção. Nesse período o pai faleceu e ele não pode ir ao enterro. Quando terminou sua pena, deu um novo rumo à sua vida: conseguiu um bom emprego, voltou a estudar, casou-se e tem duas filhas. Apesar disso não consegue livrar-se da culpa em relação ao pai.*

O terapeuta orientou que ele escrevesse uma carta para o pai, contando sobre sua vida e pedindo perdão pelo que havia feito e que em seguida fosse ao cemitério onde o pai estava enterrado e lesse a carta para ele. Também foi pedido que ele aguardasse um pouco e imaginasse a resposta do pai.

Daniel disse ao terapeuta que teve muita dificuldade para escrever a carta, porque tomado de emoção, teve que parar e recomeçar várias vezes. Disse também, que ao ler a carta para o pai sentiu como se ele estivesse presente. Ficou bastante emocionado quando "ouviu" a resposta do pai de que o perdoava, porque compreendia que aquilo tinha sido o resultado de uma série de atos inconsequentes da adolescência, que sabia que ele encontraria o caminho da vida para a qual foi educado e que estava muito orgulhoso pelo que ele havia conseguido.

Fazer a técnica ajudou o cliente a atualizar a percepção que tinha de si mesmo. Para ele foi fundamental "ouvir" a declaração do pai porque tinha certeza de que essa seria a fala dele se estivesse vivo.

d. Caminho de pedras

Estender uma faixa de papel higiênico. Entregar ao cliente um saco de pedras.

O cliente irá colocar as pedras ao longo da faixa indicando em cada uma, uma perda e um aprendizado a partir dessa perda. Por exemplo: Aqui eu perdi X coisa e com isso eu aprendi Y.

Caso: *Maria tinha 42 anos e veio para terapia para tomar coragem de se separar do marido, com quem estava casada há 24 anos. Tinha um alto padrão financeiro, mas apesar disso sentia-se infeliz porque não fez o curso de Arquitetura que sonhou e nunca tinha trabalhado. Tinha a impressão de não ter passado de uma governanta durante todos os anos de casamento uma vez que nunca participou das decisões que envolviam a família. O marido a traía e a desqualificava publicamente.*

Fazer a técnica ajudou a cliente a perceber que apesar de ter tido muitas perdas, também poderia destacar muitas qualidades como coragem, persistência, capacidade de organização, entre outras.

e. Aproveitar o recreio

Caso: *Adélia tem 72 anos e veio para a terapia para conseguir dar um limite para as preocupações que têm com o irmão que tem 65 anos. Durante as sessões ela contou que seu irmão era uma criança muito problemática, que vivia aprontando na escola e em casa. Ela estudava numa escola ao lado do irmão e foi encarregada pela mãe de, na hora do seu recreio, ir à escola do irmão para ver se tinha acontecido alguma coisa. Quando ela voltava para a sua escola, o recreio já tinha acabado e com isso ela não conseguia fazer amizades com as colegas de turma. Depois que a mãe morreu ela continuou com a tarefa de cuidar do irmão, passando pelas drogas, brigas, e outros problemas. O irmão se casou, têm três filhas adultas é alcoólatra e ela ainda cuida dos problemas que ele gera. Foram muitas sessões para atualizar que o irmão já não era mais uma criança inconsequente e sim um adulto irresponsável. Num dado momento, o terapeuta usou a história dela renunciar ao recreio, para cuidar do irmão, como uma metáfora do que ela ainda fazia, e a própria cliente se deu conta de que, assim como o recreio acabava sem que ela o aproveitasse, a vida dela também estava acabando. Ela se deu conta de que devia uma reparação para a menina e a jovem que ela foi e isso ajudou-a na difícil atitude de renunciar à missão que tinha recebido da mãe.*

5

CONFLITOS E POLARIDADES

O último item que destacamos como interferindo negativamente na mobilização de energia são os conflitos.

Perls (2002) afirma que a personalidade neurótica é o resultado do esforço do indivíduo para manter-se dentro dos limites do que é socialmente aceitável. Tal esforço provoca a cisão da personalidade na medida em que para evitar o conflito com o ambiente o indivíduo aliena ou suprime seu desejo ao mesmo tempo que se identifica com as necessidades do meio.

Desse modo, a tentativa de resolução do conflito entre o desejo e as necessidades do ambiente pode resultar na polarização de sentimentos e conceitos sobre si mesmo. Por exemplo, pode ocorrer que um menino extremamente criticado pela doçura que expressa, aliene a consciência dessa característica e identifique-se com um pai repressor, passando a reconhecer-se como uma pessoa fria.

As pressões sociais não apenas resultam em polaridades como a própria tendência para polarizar é decorrente dessas mesmas pressões.

Desde que o pensamento ocidental passou a ser influenciado pela tradição judaico-cristã o mundo tem sido dividido em opostos mutuamente excludentes: bem e mal, Deus e demônio, luz e trevas etc.

O resultado dessa polarização transformada em paradigma é o sentimento de incompletude que experimentamos, como se fôssemos uma metade esperando por outra, aguardando a fusão que nos tornará completos, buscando no mundo algo que não conseguimos enxergar em nós.

Se estivermos polarizados, não aceitamos nos ver como pessoas felizes se vivermos momentos de tristeza e vice e versa, do mesmo modo que não podemos aceitar qualquer acerto se nos vemos como incompetentes e vice-versa.

Nossos conflitos interpessoais podem ser decorrentes dos conflitos intrapessoais, da luta inconsciente entre as forças polarizadas dentro de nós, isto é, os conflitos com outras pessoas podem ser o resultado das projeções dos nossos próprios duelos.

Para a GT, uma pessoa saudável é aquela que tem consciência de suas forças polares e da existência como caracterizada pelos paradoxos, que é capaz de aceitar as contradições de pensamentos e sentimentos como próprios da infinidade de situações impostas pela vida.

O trabalho terapêutico com as polaridades envolve a *awareness* e a integração da multiplicidade de forças que existem dentro da pessoa o que possibilitará que seus relacionamentos sejam mais criativos e que produzam menos ansiedade.

A pessoa deverá dar-se conta da natureza complementar das qualidades consideradas mutuamente excludentes.

5.1 EXPERIMENTOS PARA CONFLITOS E POLARIDADES

a. **A Bela e a Fera**

Instruções preliminares

Introdução da técnica

A história da Bela e a Fera é uma metáfora de todos nós. Todas as pessoas são, ao mesmo tempo, a Bela e a Fera embora quase sempre desconheçam tal fato. O equilíbrio organísmico acontecerá quando ambas estiverem integradas, desfazendo "o encantamento" que as mantém separadas.

Instruções da técnica

- Como você é quando é a Bela?
- Como você é quando é a Fera?
- O que desperta a Bela?
- O que desperta a Fera?
- O que transforma a Bela em Fera?
- O que transforma a Fera em Bela?
- Comente suas percepções
- Tente estabelecer uma relação entre a sua Bela e a sua Fera.
- Faça um comentário complementar.

Caso: *Juliana tem 14 anos e veio para a terapia com a queixa da mãe de que ela se automutilava. Os pais se conheceram no início da universidade, faltavam às aulas para fumar maconha e quando a mãe engravidou o pai se afastou. A cliente não tem contato com o pai e só o acompanha pelas redes sociais. Ela diz que ele parece ter a sua idade. Ela e a mãe vivem com avô materno, que é viúvo. Ele ajuda a sustentar ambas, mas faz questão de lembrar a "burrice da mãe" em engravidar cedo. Sua mãe é muito severa nas cobranças que faz à cliente, que tem muito medo dessa brigar com ela. Tem poucos amigos e diz ter um caderno em que escreve sobre seus sentimentos. Diz que sua queixa é a de não ter uma casa.*

Respostas da cliente:

- Como você é quando é a Bela? Divertida.
- Como você é quando é a Fera? Triste.
- O que desperta a Bela? Estar com os amigos.
- O que desperta a Fera? Estar sozinha.
- O que transforma a Bela em Fera? Sentir medo.
- O que transforma a Fera em Bela? Disse não saber.

Fazer a técnica ajudou a cliente a entender que a automutilação era uma tentativa de não sentir a tristeza pela falta de acolhimento da família. Antes da técnica ela só reconhecia o sentimento de angústia. Ter clareza dos sentimentos ajudou a cliente a lidar de forma mais objetiva em relação a eles.

b. **Melhor qualidade e pior defeito**

Instruções preliminares

Introdução da técnica

Todas as pessoas possuem qualidades e defeitos, não sendo difícil identificá-los em si mesmas. Todavia, poucas são as pessoas que conhecem a extensão da influência exercida por eles em suas vidas e tampouco a relação que estabelecem entre si.

Instruções da técnica

- Qual é a sua melhor qualidade?

- Qual é o seu pior defeito?
- Como ou quando a sua melhor qualidade te ajuda?
- Como ou quando seu pior defeito te atrapalha?
- Como ou quando sua melhor qualidade te atrapalha?
- Como ou quando seu pior defeito te ajuda?
- Como ou quando, em sua vida, sua melhor qualidade e seu pior defeito se alternam para trazer-lhe equilíbrio.
- Abra os olhos.
- Comente suas percepções
- Em se tratando de terapia de casal ou família pode-se solicitar ao parceiro ou demais membros da família que descrevam como as respostas do sujeito repercutem na relação do casal ou da família.

Por exemplo, o pior defeito da pessoa é gritar e esse defeito ajuda a calar as pessoas. Como o outro membro da relação se sente ao ser calado pelo grito do sujeito?

Caso: *Neide é uma mulher de 35 anos, solteira, professora. Veio para a terapia para melhorar sua autoestima. Desde sempre cuida da mãe e dos três irmãos mais novos. Os irmãos já estão casados, mas ela continua a ajudá-los. Mora com a mãe, mas deseja ter sua própria casa, o que é difícil por conta dos gastos com a família.*

Respostas da cliente

- Qual é a sua melhor qualidade? A generosidade.
- Qual é o seu pior defeito? Ser desconfiada.
- Como ou quando a sua melhor qualidade te ajuda? Se sente valorizada.
- Como ou quando seu pior defeito te atrapalha? Demora para se expor.
- Como ou quando sua melhor qualidade te atrapalha? Se doa demais.
- Como ou quando seu pior defeito te ajuda? Presta atenção se as pessoas são honestas.
- Como ou quando, em sua vida, sua melhor qualidade e seu pior defeito se unem para trazer-lhe equilíbrio. A desconfiança evita os exageros da generosidade.

Dando-se conta dos sentimentos e pensamentos a partir da técnica Neide concluiu que sua generosidade é uma maneira de ser valorizada, todavia isso aproxima dela algumas pessoas que desejam apenas explorá-la. Desconfiar é uma maneira de não se deixar iludir por aquelas não honestas. Um tempo depois, mas ainda a partir da técnica ele percebeu que sua forma de agir não permitia o crescimento das pessoas e desse modo perpetuava a sua insegurança e a exploração pelos outros.

c. **Personagens**

Instruções preliminares

Introdução da técnica

Muito de nossas preferências e aversões se deve a identificações e projeções que dirigimos aos outros, pessoas ou objetos. Dar-nos conta de como nos alienamos de nós mesmos é um importante movimento na direção da autorregulação.

Instruções da técnica

- Qual é o personagem que você mais gosta? (livro, filme, revista, teatro, novela etc.)
- Como é este personagem?
- O que faz desse personagem o seu preferido?
- Qual é o personagem que você menos gosta?
- Como é este personagem?
- O que mais te incomoda neste personagem?
- Comente suas percepções
- Estabeleça uma relação entre o que você disse sobre o seu personagem favorito e o que você disse sobre o que menos gosta. Como eles se antagonizam?
- O que isso tudo diz sobre você?

Caso: *Jonas em 22 anos, é estudante de gastronomia. Tem dois irmãos mais velhos. Um é casado e mora na sua própria casa e outro estuda no exterior. Disse que teve uma infância muito boa, mas tudo começou a mudar quando se* descobriu homossexual. Tem medo da reação dos pais, mas seu maior medo é da reação dos amigos que conhece desde criança. Incomodado com os comentários homofóbicos, começou a afastar-se de todos.

Resposta do cliente

- Qual é o personagem que você mais gosta? Thor.
- Como é este personagem? É bonito, forte e luta pelo bem.
- O que faz desse personagem o seu preferido? Ele é do bem.
- Qual é o personagem que você menos gosta? Loki.
- Como é este personagem? É falso, invejoso e quer roubar o trono do irmão.
- O que mais te incomoda neste personagem? Ele é do mal.

Discutindo suas respostas Jonas percebeu que embora se considerasse do bem como Thor, também era falso como Loki, porque escondia sua opção sexual dos amigos, fingindo ser quem não era, que gostaria de ser forte como Thor e que invejava a vida tranquila dos irmãos. A ampliação da *awareness* sobre si mesmo ajudou o cliente a se dar conta da responsabilidade sobre suas escolhas.

d. Personagem como metáfora

Caso: *Liane tem 26 anos, solteira, e é fonoaudióloga. Tem uma irmã de 28 anos, que é médica. Ambas vivem com os pais. Veio para a terapia com a queixa de que sempre se sentiu desvalorizada pelos pais, que, constantemente, elogiavam o êxito escolar da irmã mais velha. Se achava uma filha de segunda categoria. Como ela sempre se colocava como a única a ser cobrada, o terapeuta perguntou se já tinha passado pela cabeça dela que a irmã também pudesse ter sido muito cobrada para manter seu alto desempenho. Imediatamente, Liane relatou ter sido tomada de uma mistura de sentimentos: pena da irmã, solidariedade, carinho e compaixão.*

O terapeuta então, disse que pareciam as irmãs do desenho Frozen.

A identificação com os personagens possibilitou a Liane perceber que não era a única a ser cobrada, sua irmã também tinha a obrigação de mostrar alto desempenho acadêmico para os pais e isso mostrava o igual sofrimento de ambas. Essa percepção a motivou a ter uma conversa com a irmã e trocado sua experiência na terapia com ela. A partir disso, puderam estabelecer uma nova forma de relacionamento baseado na compreensão mútua e parceria.

e. Trabalhando com as polaridades

Material: folhas de papel pardo ou similar e revistas.

O cliente se deita sobre a folha e o terapeuta faz o contorno do corpo.

O cliente divide a figura ao meio e preencherá cada lado da figura com recortes de revista e de acordo com os aspectos polares que estiver trabalhando. Também poderá utilizar *emotions* ou cores no lugar de gravuras.

Por exemplo:

Bom X Mau

Alegria X Tristeza

Sim X Não

Caso: *Diana tem 49 anos, casada, dona de casa, cursou até o ensino médio. Tem duas filhas com 24 e 26 anos, solteiras, que ainda moram em casa. Deixou de trabalhar como bancária quando a primeira filha nasceu. O marido é engenheiro e viaja constantemente para trabalhar em grandes obras. Sempre teve orgulho de ser uma excelente dona de casa. Veio para a terapia após um diagnóstico de depressão, medicada, foi encaminhada pelo psiquiatra. Diz ter medo da solidão e que agora está se sentindo burra e inútil.*

Resposta do cliente

Diana escolheu a polaridade Tranquilidade X Medo

Escolheu figuras de animais, paisagens de praia, amigos, crianças, casais, refeições para colar na metade "tranquila" do contorno do corpo. Na outra metade, a do medo, escolheu fotos de tragédias, de uma pessoa na corda bamba, uma cabeça com muitas setas saindo de dentro dela, desenhos de Frida Kahlo e um relógio parecendo estar se desmanchando.

A técnica foi útil para que a cliente pudesse discriminar mais claramente suas angústias sobre o medo da morte, da solidão, das doenças e outros. Isso permitiu que ela pudesse lidar mais objetivamente com suas angústias.

6

SONHOS

Os sonhos fascinam o ser humano desde os primórdios da humanidade, cada cultura ou sociedade buscou o significado para a experiência onírica.

Na Psicologia, além de Freud e Jung, muitos teóricos apresentaram concepções sobre o sonho baseadas em seus pontos de vista teóricos. Na GT, Perls (1977) entende os sonhos como projeções da personalidade do sonhador, isto é, os sentimentos e conflitos que a pessoa rejeita são projetados nos elementos do sonho. Ginger e Ginger (1995) consideram que o sonho envolve situações inacabadas, isto é, necessidades importantes não satisfeitas.

> Eu creio que, em sonhos, nós recebemos uma clara mensagem existencial do que está faltando na nossa vida, o que evitamos fazer e viver; e nós temos material de sobra para reassimilar e recuperar as partes alienadas de nós mesmos (Perls, 1977, p. 109-110).

> Em Gestalt, não se aborda o sonho por livres associações ou interpretações, mas por uma descrição, seguida da "dramatização" sucessiva dos diversos elementos do sonho, com os quais o cliente é convidado a se identificar sucessivamente – em palavras e gestos – sendo cada um desses elementos considerados uma Gestalt inacabada ou uma expressão parcial do próprio sonhador (Ginger; Ginger, 1995, p. 28).

Perls (1973) afirma que as partes da personalidade do neurótico estão todas alienadas, isso significa dizer que ele tem dificuldade em se concentrar em suas sensações, não reconhece seus sentimentos, não sabe o que quer, não sabe como e onde satisfazer suas necessidades. É necessário, então, integrar essas partes tornando a pessoa mais inteira, para isso é necessário que o cliente reintegre essas partes alienadas.

Nesse caso, o objetivo da terapia é ajudar a pessoa a identificar-se com os elementos do sonho, isto é, reconhecer o que está projetado em seus componentes. Ao conscientizar-se das projeções, sejam elas aspectos do eu ou conflitos, a pessoa poderá assimilá-las e integrá-las ao próprio eu e assim retomar o seu processo de crescimento.

Perls (1977) afirma que o sonho é a nossa expressão mais espontânea porque não temos controle sobre ele. Na mesma obra, alerta que os sonhos não devem ser interpretados e que não sejam feitas associações livres ou jogos de *insights* intelectuais no trabalho com eles

Perls (1973) aponta que as pessoas autofrustradoras tendem a sonhar pesadelos, as pessoas que não se lembram dos seus sonhos são pessoas fóbicas e que os sonhos repetitivos envolvem situações inacabadas, assim como a insônia, quando descartadas as causas clínicas. Para ele não é necessário trabalhar com o sonho inteiro, uma vez que cada parte está relacionada ao significado total do sonho. Assinala também que o trabalho com os sonhos exige sensibilidade e criatividade do terapeuta.

Na mesma obra, Perls (1973) aponta os passos para o trabalho com os sonhos: contar o sonho como uma estória, recontá-la no tempo presente e dramatizá-la.

Embora se possa dizer que a dramatização seja a forma em que as introjeções sejam conscientizadas mais facilmente, existem muitas outras formas desenvolvidas por diversos gestalt-terapeutas. Alguns clientes podem ter dificuldade em dramatizar ou o terapeuta não se sentir à vontade para conduzir um trabalho dramatizado e desse modo, outras modalidades de trabalho também podem ser eficazes. A seguir apresentarei algumas delas.

Independentemente da forma escolhida para o trabalho com os sonhos, é importante que sejam seguidos os dois primeiros passos indicados por Perls (1973), ou seja, contar o sonho como uma história e recontá-la no tempo presente, o que facilita o processo de conscientização.

Ginger (2000) aponta que o simples contar do sonho pode trazer, espontaneamente, à consciência o material projetado.

O mesmo autor também sugere o uso psicodramático do sonho num trabalho de grupo em que cada membro dramatiza um elemento. Também o uso do grupo como amplificador, em que cada membro do grupo repete em voz alta frases-chave do sonho, apresentadas pelo terapeuta.

Outra sugestão para o trabalho com o sonho é o de oferecer ao cliente a possibilidade de terminá-lo da forma que desejar.

Parafraseando Zinker (2007), o limite para o trabalho com o sonho é a criatividade do terapeuta.

6.1 EXPERIMENTOS PARA SONHOS

a. O sonho de Ana (dramatização)

Caso: *Vania tem 45, casada há 25 anos. Foi professora, até o casamento quando resolveu dedicar-se exclusivamente à educação dos filhos. Tem três filhos: a mais velha com 23 anos, um jovem de 23 anos e um adolescente com 13 anos.*

Veio para a terapia se dizendo profundamente confusa com a situação familiar. Disse ter sido submissa ao marido durante todos os anos do casamento, um homem autoritário que sempre a desqualificava diante dos filhos e que vez por outra a agredia fisicamente. O momento crítico que fez com que ela decidisse buscar ajuda, foi o episódio em que o filho caçula ameaçou agredi-la, sem que o pai fizesse qualquer movimento de impor limites.

O sonho

Ela chega numa casa, que embora não fosse a sua casa real, sabia que era a sua. Quando tentava entrar na casa apareceram cães ferozes que a impediam de aproximar-se.

O trabalho com o sonho:

Depois de contar o sonho, recontá-lo no presente e colocar seus elementos "no espaço da sala", foi pedido que ela se identificasse com cada um deles e dessa perspectiva dizer o que pensava, sentia ou precisava.

Ao se colocar na posição dela mesma, falou sobre o desejo de entrar na casa e do grande medo de ser atacada pelos cães. Ao assumir a posição dos cães ferozes, disse estar ali para protegê-la, para evitar que ela entrasse naquela casa que era muito perigosa. A partir do diálogo que foi estabelecido entre ela e os cães começou a ter clareza de como sua casa havia se tornado um lugar ameaçador à sua sanidade e que precisava fazer contato com sua raiva para afastar-se dali.

b. O sonho de Olga: o sonho criado a partir da metáfora do terapeuta

Caso: *Olga tem 35 anos, solteira, mora com mãe que sempre foi dependente emocional e financeiramente do marido e ao enviuvar transferiu essa relação para a cliente. Tem uma irmã de 32 anos que mora com elas junto com os dois filhos, após a separação. O ex-marido em nada ajuda financeiramente, alegando estar desempregado. Além delas, ainda mora na casa um irmão de 30 anos que embora trabalhe tem problemas com o alcoolismo. O sustento da família é quase todo bancado por ela.*

Ela veio para a terapia para lidar com a angústia de ver-se aprisionada. Diz sentir que sua vida está passando e não vê possibilidade de construir a própria família por não enxergar uma mudança. Sente-se culpada por imaginar que sua família não conseguiria se equilibrar se ela os abandonasse.

Durante uma sessão, o terapeuta percebeu que enquanto ela falava de seus problemas familiares, sua respiração havia se tornado tão ofegante que ela parecia estar se afogando.

Essa impressão foi compartilhada com ela que depois de um breve instante de reflexão disse: — Sim, é como se eu estivesse no mar com uma boia. e os meus filhos estivessem segurando nela. Eu estou exausta.

Ao se perceber a potencialidade dessa imagem tornar-se um trabalho de sonho acordado, foi proposta que ela colocasse os elementos da imagem /sonho no espaço da sala.

Foi pedido a ela que observasse os elementos dispostos no espaço e apontasse qual deles chamava mais a sua atenção e ao responder que era ela mesma, foi convidada a tomar seu lugar na disposição dos elementos e que falasse como se sentia naquela situação. Tomando a posição, ela disse que não sabia o que fazer, que estava imobilizada porque os filhos estavam se segurando à sua boia; que ela era a única que tinha uma boia e que tinha se se movesse os filhos poderiam afogar-se.

Ao tomar a posição da boia disse não ter forças para sustentar a todos e que estava prestes a explodir.

Em seguida foi proposto uma cadeira vazia entre ela e a boia. No diálogo, ela pede à boia para sustentar a todos e a boia responde que não consegue que ela deveria lembrar que é a única que sabe nadar e que poderia ir até a praia buscar ajuda.

O trabalho com o sonho ajudou Olga a aceitar a possibilidade de que se afastar da família talvez fosse a única forma de salvá-la e em consequência salvar a família. Isso aos poucos permitiu que ela aceitasse trabalhar em outra cidade.

c. O sonho de Nicolas: a possibilidade decidir o que fazer com o sonho[8]

Este foi um sonho recorrente por volta dos meus 10 anos de idade. Aos 9 anos fiquei diabético.

---

[8] Relato feito pelo próprio sobre o trabalho feito numa das aulas de pós-formação de experimentos.

Sonho:

Eu saía pela porta do apartamento no qual morava na época em direção ao muro do hall das escadas (era uma escada larga em formato de rodamoinho que terminava em um muro no hall). Eu me debruçava no muro e caía. Começava, então, uma queda sem fim, em espiral, onde tudo ficava escuro.

Trabalho:

Eliane me pediu para contar o sonho no presente e eu o faço. Ao chegar na parte da queda me sinto sem controle, sem saber o que fazer e isso me remete à diabetes e digo: "Caí na diabetes de novo"! Sinto muita tristeza, fraqueza, minha respiração fica acelerada e eu, me deixando levar pelo que sentia, começo a chorar.

Eliane percebe a intensidade da minha emoção e, sentando ao meu lado, sugere que eu conte esse sonho como se fosse um filme que estaria sendo projetado. Começo a contar o sonho, novamente, como se fosse um filme e, neste momento, os sentimentos e sensações ficam mais brandos.

Então, Eliane me diz que aquele sonho é meu, que eu sou o roteirista e que posso dar a ele o destino que eu quiser. Começo a buscar possibilidades para interromper a queda e aquilo começa a me deixar confuso e ansioso, pois não consigo encontrar algo que me pareça satisfatório (sou muito crítico). Lembro da Eliane repetindo que eu era o roteirista, que eu precisava assumir o controle e fazer o que eu quisesse. Lembro de responder: "eu sei", "ok" e "eu entendi", mas ainda assim eu não achava uma solução. Quanto mais ela falava, mais eu me sentia ansioso e confuso (minhas mãos suavam muito), "fiquei burro". Em um dado momento cheguei a ter muita vontade de pedir para parar o trabalho, mas me dei conta de que estaria, mais uma vez, fugindo da minha responsabilidade e que isso iria me fazer continuar caindo.

Em um dado momento, consegui entender que não se tratava, apenas, do sonho, mas da minha vida como um todo. Eu preciso assumir o roteiro da minha vida. Comecei a me sentir meio atordoado, mas a ansiedade, a tristeza e a fraqueza já não estavam mais presentes.

d. O sonho acordado

Criar um sonho também pode ser a oportunidade do cliente ampliar sua *awareness* ao oferecer a possibilidade de projeção de sentimentos e necessidades.

Sonho acordado é aquele em que o cliente cria uma cena, apenas seguindo o fluxo de consciência, projetando seus sentimentos livremente.

O sonho de Hugo

Caso: *Hugo tem 28 anos e um histórico de abuso de drogas que o levou a um período de internação aos 18 anos. Após alguns anos pôde sustentar a abstinência da droga, mas sua autoimagem ainda era de uma pessoa emocionalmente instável.*

Ao participar de uma vivência, em grupo, sobre o tema sonhos, disse não sonhar, sendo nesse momento convidado a criar um sonho acordado.

O sonho era a de um carro que se movimentava em velocidade extrema e num dado momento perdia totalmente o controle, saía da pista e caía numa ribanceira.

Ao dramatizar o sonho descrevendo a experiência de ser o carro, pôde dar-se conta do quanto ainda se sentia sem controle da própria vida e do medo que isso lhe causava. Essa vivência trouxe maior clareza sobre suas angústias e favoreceu o processo de atualização de suas experiências, atualmente, contestadoras da visão negativa sobre si mesmo.

e. **O sonho escrito**[9]

Instruções

O cliente conta um sonho.

Escreve esse sonho.

Assinala os substantivos.

Relaciona pelo menos dois adjetivos para cada substantivo assinalado.

Lê o texto substituindo os substantivos pelos adjetivos, precedidos dos termos: a minha natureza, a minha forma, a minha parte.

Exemplo: um trecho do sonho poderia relatar um caminho indo na direção de uma casa no campo.

Os substantivos destacados seriam: caminho, casa e campo.

O caminho seria associado aos adjetivos longo e seco; a casa relacionada aos adjetivos pequena e humilde e campo, a verde e grande.

---

[9] Técnica apresentada por Guillermo Leone no *workshop* de convidados realizado no Núcleo Contato em 25/8/2013.

A parte relida ficaria então: a minha forma longa e seca está indo na direção da minha natureza pequena e humilde que está na minha parte verde e grande.

Para que o nexo não se perca, ao reler o trecho com os adjetivos substituindo os substantivos, deve-se levar em conta a forma em que a cena está organizada

f. Sabotagem dos sonhos

Cada pessoa tem um modo característico de sabotar seus projetos. Por exemplo: imaginando objetivos inalcançáveis, desqualificando-os ou depositando em outra pessoa sua concretização.

A expectativa sobre essa técnica é a de que o modo de sabotagem apareça na escolha do cenário, na coerência da montagem da cena ou no relato da experiência.

Instruções preliminares
Instruções

Escolha um cenário para o seu sonho.

Como é esse cenário?

Agora você vai entrar nesse cenário.

Você está sozinho ou aparecem outras pessoas?

Se fosse um filme, de qual gênero seria? Romance, drama, ficção, comédia, terror, suspense, policial, infantil etc.?

Quão distante o seu sonho está da sua realidade atual?

Qual necessidade você experimenta?

Abra os olhos bem devagar.

Comente a experiência.

Caso: *Camila é uma jovem mulher de 28 anos. Sua queixa principal é a de que se vê como uma pessoa muito séria e que gostaria de ser mais leve, mais descontraída.*

Depois de criar o sonho em que estava viajando pela Disney e de relatá-lo, terminou dizendo que aquilo era coisa de criança.

A partir disso começou a dar-se conta de que tinha uma introjeção de que a leveza era coisa de criança e por isso inadequada para ela.

Caso: *Fernanda é uma mulher de 40 anos, divorciada depois uma um casamento conturbado. Sua queixa era de que não conseguia estabelecer relacionamentos afetivos satisfatórios.*

Descreveu um cenário e uma cena bastante românticos, todavia descreveu-se como observadora da cena e não alguém que fazia parte dela. Ao ser questionada começou a perceber que ficar como observadora era sua atitude frente à vida.

7

RECURSOS PARA REFLEXÃO

Até aqui foram apresentados experimentos em que o cliente precisa fazer algo para que isso favoreça o seu *dar-se conta*, isto é, foram propostas algumas atividades ao cliente com o objetivo de ampliar sua *awareness* sobre o que sente, o que faz, como e para que faz.

Todavia, esse não é o único recurso que o terapeuta poderá lançar mão para facilitar o processo de ampliação de *awareness* do cliente, fazê-lo refletir também pode ser um recurso precioso.

Aparentemente, a forma mais intensa de experimentar ocorre por meio da ação. Digo isso baseada num pressuposto da GT segundo o qual a *awareness* mais intensa envolve todo o sistema sensório motor, isto é, é preciso que o corpo seja mobilizado em todas as suas funções. Isso é o ideal, mas o nosso cotidiano, boa parte do tempo, não nos oferece as condições ideais para tal. Impedimentos ou restrições de toda ordem podem interferir na execução de experimentos mais amplos. Limites de tempo, espaço, de prática e emocionais do terapeuta bem como as restrições físicas e de disponibilidade emocional do cliente podem inviabilizar muitas propostas "ideais".

Apesar de todos os limites e restrições, existem infinitas possibilidades de não perder de vista o propósito maior da GT que é o de ampliação da *awareness* do cliente baseadas no convite à reflexão e que na prática podem ser tão eficientes na facilitação do processo do cliente quanto o uso dos experimentos.

É claro que a reflexão deve estar presente a todo momento do processo terapêutico, mas o que quero destacar é o oferecimento ao cliente de algo sobre o que refletir. São as metáforas, ideias, lembranças do terapeuta que são oferecidas ao cliente para ajudá-lo a examinar sua própria experiência. O terapeuta empresta o seu fundo para que o cliente consiga tornar sua experiência compreensível.

Cabe mais uma vez comentar, e nunca será demais, que tudo o que o terapeuta oferece ao cliente como recurso de facilitação de ampliação de *awareness* surge do diálogo que é estabelecido entre ambos. Sem a relação dialógica toda proposta tende ao fracasso e se constituiu em perda de tempo.

Sempre comento que uma das coisas que me deixa mais feliz com a GT é que nela é possível transformar em recursos técnicos tudo o que surge numa conversa em que os envolvidos estão disponíveis para se deixarem sensibilizar pela experiência uns dos outros. Quando estamos abertos ao diálogo, sentimos e pensamos sobre muitas coisas, e na maioria das vezes não achamos que isso seja importante para ser compartilhado e é aí que a GT consegue transformar em recurso terapêutico toda essa produção de fala interior e imagens mentais produzidas a partir do diálogo. Talvez seja o momento mágico em que uma pessoa cria a partir da relação com o outro e oferece de volta a esse outro o que se produziu, tornando possível ao outro tornar mais clara a experiência de si mesma.

Desse modo, a partir de agora serão apresentadas as sugestões sobre algumas dessas múltiplas possibilidades.

7.1 EXPERIMENTOS PARA REFLEXÃO

a. Personagens

Cada pessoa possui o que podemos chamar de um *tema existencial*, a busca vida afora de amor, respeito, reconhecimento, justiça, pertencimento etc. Semelhante ao que Jung denomina de jornada do herói, esse tema é recorrente em nossas escolhas e ações.

Os personagens, sejam eles de livros, filmes, novelas, da mitologia e tantos outros, descrevem a saga de uma pessoa que vai transformando-se à medida que se desloca no tempo e no espaço.

Nos personagens são representadas as pessoas reais, com seus sentimentos, suas grandezas e suas baixezas. Por outro lado, as pessoas estão no mundo como num baile de fantasias, onde vaga um número infinito de personagens, cada um em busca de algo que dá sentido às suas vidas.

A identificação com um personagem pode facilitar a ampliação da *awareness* do cliente sobre o seu *ser-no-mundo*, o seu *ser-no-mundo-com-os-outros*. Ao projetar-se num personagem o cliente poderá ver mais claramente sua jornada pessoal.

Algumas vezes é o próprio cliente que fala sobre a semelhança de sua vida com a de um personagem, outras vezes é o terapeuta quem identifica o cliente nas características de um personagem. De todo modo, é a capacidade do terapeuta de associar os aspectos do cliente com as características de um personagem que pode fazer com que isso se torne um recurso terapêutico. A riqueza do fundo de experiências de vida e conhecimentos do terapeuta é fundamental para potencializar tal recurso.

Caso: *Luciana é uma mulher de 32 anos, mãe de uma menina de 4 anos de um casamento de 10 anos com um homem cujas traições tinham se tornado habituais e envolveram amigas e colegas de trabalho de Luciana, até o divórcio. Tem uma vida profissional satisfatória, gosta do trabalho que desempenha e é financeiramente equilibrada.*

É casada há dois anos com Mário e diz ter sido a excelente relação dele com a filha o que definiu sua decisão pelo segundo casamento. Diz ser apaixonada pelo marido, mas está cansada da influência exercida pela sogra sobre ele. Durante todo o tempo em que estão casados, todos os dias, a caminho do trabalho, passa na casa da mãe para pegar a sua marmita e na volta, à noite para jantar com ela.

Quando tenta assumir os cuidados com a alimentação, roupas e etc. do marido a sogra sempre a deprecia e quando do embate entre as duas o marido é sempre solidário à mãe.

Luciana veio à terapia em busca da descoberta de uma forma de salvar o seu casamento, pois segundo ela o marido é um homem carinhoso e dedicado quando em casa.

Mario é um homem de 42 anos, filho único, casado pela primeira vez com Luciana, sem filhos. Sempre foi mimado pela mãe que ainda o chama de Mariozinho e sempre dedicou todos os esforços para o bem-estar do filho. Dentro das possibilidades que a condição econômica da família permitia ele teve o que chamamos de vida de príncipe. Não é de estranhar que Mario nunca tenha permanecido durante muito tempo em inúmeras atividades. Começava com muita empolgação e rapidamente as abandonava entediado e assim foi com vários empregos.

A associação da vida de Luciana com a história de Peter Pan foi muito importante para que ela pudesse descrever com maior clareza a dinâmica de seu casamento. Identificar-se com a personagem Wendy, que tenta fazer com que Peter Pan, o eterno menino, deixe a Terra do Nunca e sua disputa com sua sogra, a fada Sininho, que cuida dele e não quer que ele se vá, ajudou Luciana a ver seu próprio enredo.

Depois de algum tempo, assim como Wendy, Luciana chegou à conclusão de que, assim como Peter Pan, Mario não queria sair de sua Terra do Nunca. Como Wendy, triste, mas decidida, ela voltou à terra dos homens.

b. Identificando o personagem

A associação do cliente a um personagem também pode ser feita se o terapeuta solicitar ao cliente que se descreva em no mínimo dez frases que se refiram a suas características, suas atividades, seus valores, suas metas etc. A partir dessa descrição o terapeuta poderá reconhecer em algum personagem algumas similaridades que sejam críticas na vida do cliente.

c. Metáforas e imagens

Em português, chamamos de metáforas as figuras de linguagem que se constituem no uso de palavras que por analogia são empregadas em situações diferentes do seu uso habitual, por exemplo: estou me sentindo num beco sem saída, fulana é uma cobra, meu coração veio na boca.

Muitas vezes essas metáforas vêm do próprio cliente ao tentar descrever sua experiência, outras vezes é o terapeuta que as concebe a partir do relato do cliente.

O trabalho terapêutico com as metáforas envolve a proposta do terapeuta para que o cliente as "materialize", dramatizando-as e descrevendo sua experiência. Por exemplo, a pessoa que diz sentir-se num beco sem saída, deverá dramatizar essa ideia. Ao apropria-se dos sentimentos e sensações de experimentar o estar num beco sem saída poderá ampliar sua *awareness* sobre a situação real, a qual a metáfora se refere, bem como "enxergar" possibilidades de mudança.

Caso: Penélope chega à sessão dizendo que passou dias chorando e se sentia como um rio de lágrimas. O terapeuta sugeriu que ela experimentasse ser um rio de lágrimas e ao fazê-lo descreveu a sensação de seguir descontroladamente e se deu conta da necessidade de buscar apoio nas próprias pernas.

Caso: Falando sobre como sente-se extremamente pressionado pelo controle severo que a namorada exerce sobre ele, Raul disse que se sente como uma laranja exprimida. Ao experimentar ser a laranja exprimida ele percebeu a necessidade urgente de livrar-se do controle e expandir-se.

A imagem é uma representação visual de um objeto, como uma figura, retrato ou quadro que em sua concepção permite uma analogia ou reconhecimento de uma semelhança com algum aspecto do processo do cliente. Do mesmo modo que as metáforas, as imagens podem ser trazidas pelo cliente ou pelo terapeuta.

O trabalho terapêutico com as imagens deverá envolver uma descrição dos sentimentos, sensações e ações que o cliente imagina estarem representados nas imagens escolhidas. O terapeuta solicita que o cliente se identifique com a imagem, a descreva da forma que lhe convier e em seguida repete a descrição utilizando a primeira pessoa.

Caso: *Luiza diz que se sente como a foto de um barco abandonado em uma praia.*

Ao identificar-se com a imagem, descrevê-la e repetir a descrição utilizando a primeira pessoa, a cliente foi capaz de falar com mais clareza dos seus sentimentos de solidão e abandono.

8

RECURSOS PROJETIVOS

São os elementos na decoração do consultório que podem ser identificados pelo cliente como descrevendo algo que está associado a ele. Também podem ser usados pelo terapeuta, que pode fazer com eles uma analogia ao que o cliente está trazendo naquele momento.

Algumas sugestões entre milhares possíveis:

- Uma ampulheta — para os clientes que acreditam ter todo o tempo do mundo.
- Uma bola de cristal — para pessoas que querem prever o futuro.
- Uma lâmpada de Aladim — para os pedidos humanamente impossíveis.
- Um Pinóquio — para os clientes que mentem para si mesmos.
- Um caleidoscópio — para que o cliente experimente as infinitas possibilidades.
- Uma boneca matrioska — para os clientes que nunca estão satisfeitos com suas escolhas.

Quando o cliente se identifica com um desses objetos, o terapeuta pode propor a ele que descreva o objeto em suas características e funções. Em seguida o terapeuta pede que o cliente repita as descrições feitas utilizando a primeira pessoa.

Durante a sessão de terapia, Marisa observa um boneco articulado de madeira na estante do consultório e diz que se sente como ele, um objeto que fica na posição que o colocarem.

O terapeuta poderia ter pedido a ela que representasse o boneco articulado, mas resolveu pedir que o descrevesse e em seguida que ela repetisse a descrição usando a primeira pessoa. Então, primeiramente, Marisa diz: "É um boneco articulado que as pessoas fazem com ele o que *querem"*; e, em seguida: *"Sou articulada e permito que os outros façam comigo o que quiserem"*. A partir dessa fala ela teve o *insight* de que não era uma boneca e que poderia decidir o que fazer da própria vida.

O terapeuta pode apresentar um objeto como analogia aquilo que o cliente está se referindo no momento. Caso o cliente se identifique, deverá descrevê-lo e associá-lo ao seu processo, como se ele próprio o tivesse escolhido, isto é, descrevendo-o e em seguida repetindo a descrição na primeira pessoa, como exemplificado no caso anterior.

O terapeuta também poderá recorrer a um objeto para satirizar um aspecto da forma ou conteúdo do relato do cliente. O objetivo desse recurso é o de forçar a reflexão do cliente prendendo sua atenção sobre o próprio relato.

Caso: *Magda é uma mulher de 39 anos, casada há cinco anos. Valoriza bastante sua carreira e vez por outra comenta sobre a dúvida de engravidar ou investir mais na profissão. Apesar de estatisticamente estar se aproximando da menopausa refere-se a essa dúvida como se tivesse muito tempo para escolher.*

Quando trouxe sua dúvida, aparentemente sem levar em conta o fator tempo, o terapeuta colocou uma ampulheta a vista do cliente. Observando a areia escoando, a cliente se deu conta da urgência de sua decisão.

a. **Filmes**

As partes ou totalidades de filmes e músicas podem ajudar o cliente a ampliar sua *awareness*, visto que ao identificar-se com os elementos desses pode tornar-se um observador do próprio processo. A pessoa pode ver suas sensações, sentimentos, comportamentos, além da dinâmica do seu contexto de vida do ponto de vista de alguém que apenas observa, portanto, protegido o suficiente para diminuir a possibilidade do surgimento dos bloqueios de consciência.

Algumas vezes é o terapeuta que lembra de trechos ou enredos de filmes ou de músicas, outras vezes é o próprio cliente que apresenta alguma identificação. Tanto quando a identificação é apresentada pelo terapeuta ou é trazida pelo cliente se torna necessário que seja feita uma discriminação apurada do que é apresentado como elemento de identificação e em seguida relacionar o que foi descrito com o processo do cliente.

Caso o terapeuta lembre de algum filme, mas não tenha clareza de qual aspecto é relevante para o processo do cliente, é importante que o assista e pondere entre sugerir ao cliente que faça o mesmo ou apenas se refira a ele na sessão.

Se o terapeuta tiver disponibilidade para tal, poderá assistir ao filme junto com o cliente, no consultório, o que possibilitará os comentários paralelos.

Alguns clientes e seus filmes.

Caso: *Neide é uma mulher de 56 anos. Casada com um comerciante que mantém uma rotina rígida de horários, é* mãe de duas filhas solteiras de 28 e 30 anos que ainda moram em sua casa. Uma delas já morou com um namorado, mas com o fim da relação voltou a morar com os pais. *Neide veio à terapia dizendo estar cansada de ser tratada como uma empregada pela família. Quando reclama da falta de atenção de todos,* é ignorada ou tem suas reclamações desqualificadas pelo fato *de "não trabalhar e só ficar em casa".*

Sua história assemelhava-se à da protagonista do filme Shirley Valentine.

Shirley Valentine é uma dona de casa exemplar, cuida de tudo e de todos, mas começa a dar-se conta de que abandonou seus sonhos de juventude e como sua vida é solitária restando a ela conversar com as paredes. Num dado momento ela resolve abandonar tudo e ir para a Grécia.

Vendo o filme, Neide pode apropriar-se da urgência de fazer a própria revolução pessoal, o que envolvia reconhecer e responsabilizar-se por suas necessidades bem como priorizar seu bem-estar na relação com a família.

Caso*: Vilma é uma mulher de 40 anos, casada, mãe de três filhos. Chega à terapia dizendo não saber exatamente o que a incomoda e sente-se culpada por não estar feliz com sua vida. Diz amar o marido, não ter grandes problemas com a educação dos filhos e uma vida profissional satisfatória.*

Em determinada sessão, Vilma diz que sua vida parece sem cor e nesse instante lembro do filme *A vida em preto e branco*.

Com o título original de *Pleasantville*, o filme conta a história de David, que foge do sentimento de frustração com sua vida familiar assistindo um seriado em preto e branco dos anos sessenta, que mostra o cotidiano de uma cidade onde tudo é perfeito. Magicamente ele é transportado para dentro da história e começa a perceber que a perfeição de tudo era sustentada pela falta de contato dos personagens com seus sentimentos autênticos. Na medida em que cada personagem vai fazendo contato com suas necessidades genuínas o filme vai se tornando colorido.

Assistindo ao filme Vilma pôde dar-se conta de que suas escolhas, ao longo de sua vida, tinham sempre priorizado a segurança e a estabilidade. Aquisições de bens e viagens eram decididos em função do risco financeiro, mesmo mínimos e nunca pelo prazer que poderiam proporcionar. Desse modo, pode rever a forma de fazer escolhas.

Caso: *Lívia é uma mulher de 25 anos, trabalha num escritório de contabilidade e cursa o último período de Administração. Buscou a terapia com a queixa de que não consegue estabelecer relacionamentos afetivos equilibrados. Suas relações afetivas são conturbadas e marcadas por violência emocional e física. Diz que tem o "dedo podre" para escolher parceiros. Ela parecia acreditar mais na sua má sorte do que em sua baixa estima.*

Sua postura fez lembrar uma frase do filme *As vantagens de ser invisível*.

O filme trata da história de Charlie, um adolescente de 15 anos que tenta esconder dos pais seus sintomas de depressão, sua entrada no ensino médio e suas novas amizades, com Patrick, um adolescente que sofre com a homofobia, e sua meia-irmã, Sam, aparentemente bem-resolvida, mas que se submete a reações abusivas.

Em dado trecho do filme Charlie diz para Sam: "cada um aceita o amor que acredita merecer". Escutar essa frase fez com Lívia passasse a prestar atenção no como suas escolhas indicavam sua baixa autoestima.

Caso: *Francisco é um adolescente de 16 anos que veio para a terapia trazido pelos pais, que reclamavam do baixo desempenho escolar e comportamento de rebeldia. Nas sessões sempre reclama do excesso de cobrança dos pais, do clima de brigas entre eles e do quanto sua escola é antiquada. Sua postura questionadora em relação ao mundo, mas inconsistente em relação a si mesmo, era de alguém passivo diante da própria vida. Em dado momento, foi-lhe perguntado se sabia dizer quem era ele, ao que respondeu que não.*

A história de Francisco fez lembrar o filme *Clube dos cinco*.

O filme conta a história de cinco adolescentes que são obrigados a passar um sábado na escola e escrever uma redação descrevendo quem são. À medida que o tempo vai passando eles começam a contar sus histórias e nesse processo acontece a transformação de todos ao mesmo tempo em que conseguem ter clareza de quem são. A identificação com os personagens do filme despertou em Francisco uma atitude de observar mais a si mesmo do que responsabilizar o ambiente.

Caso: *Um outro caso em que o mesmo filme foi útil ao processo de ampliação de awareness do cliente foi o de Erika, uma adolescente de 15 anos que também veio para a terapia com a queixa dos pais de queda no desempenho escolar e comportamento rebelde. Em seu relato trazia a preocupação do quanto precisava manter" uma imagem" para sentir-se aceita dentro do grupo o que muitas vezes a obrigava a agir de forma incongruente com a visão que tinha de si mesma.*

No caso de Erika o que foi mais marcante sobre o filme foi a frase: "gaste mais tempo tentando fazer algo a si mesmo e um pouco menos de tempo tentando impressionar os outros". A história do filme e especialmente essa frase impactou a cliente no sentido de iniciar o desenvolvimento de um olhar mais crítico sobre a própria postura.

Caso: *Kátia é uma mulher de 30 anos, solteira e sem relacionamento amoroso. É a mais velha de quatro irmãos. Seu pai morreu quando ela tinha 11 anos e daí em diante passou a cuidar dos irmãos e da casa para que a mãe pudesse trabalhar. Ainda mora com a mãe e um irmão, enquanto os outros dois são casados e moram em suas casas. Atualmente é Kátia quem sustenta a casa sendo que a mãe deixou de trabalhar por problemas de saúde.*

Ela veio para a terapia desejando ter força para mudar sua vida. Sonha com um relacionamento amoroso, uma família, viagens e atividades de lazer.

Sua história lembra o filme *As férias da minha vida*, em que Geórgia, uma vendedora que leva uma vida simples, segura e sem emoções intensas, organiza um álbum que chama de "álbum de possibilidades" no qual faz montagens de fotos representando seus sonhos. Ela recebe, por engano, um diagnóstico de ser portadora de uma doença terminal e resolve então pegar o todo dinheiro que guardava como segurança e viver como milionária durante o tempo que lhe restava.

Ver o filme despertou nela o medo de não conseguir realizar os seus sonhos e a angústia necessária para tomar coragem para transformar seus sonhos em ações concretas.

Caso: *Vitor tem 28 anos, solteiro, estudante de arquitetura, trabalha no escritório de uma construtora. É filho único e praticamente criado pela avó pelo fato dos pais trabalharem. Buscou a terapia por conta de sua insegurança* e timidez. *Há alguns meses conheceu uma garota que havia sido recém-contratada pela empresa e diz ter-se apaixonado por ela. Eles saem juntos, mas ele não tem clareza se ela quer assumir um namoro ou não, algumas vezes parece que sim e outras não. Durante várias sessões de terapia seu relato não parecia corresponder exatamente aos fatos, pois ao mesmo tempo que descrevia alguns comportamentos da garota que pareciam demonstrar interesse, descrevia outros que pareciam que não.*

A dificuldade de Vitor em diferenciar a realidade da fantasia lembrava o filme *500 dias com ela*, que narra a história de Tom, um escritor de cartões de felicitações, apaixonado pela colega de trabalho Summer. Ela termina e ele tenta fazer uma retrospectiva do relacionamento para entender o que houve de errado. Em certo momento do filme surge um efeito especial em que aparecem uma cena principal e uma pequena imagem no canto da tela. Numa cena aparece o que realmente está acontecendo na outra aparece a mesma cena, só que de acordo com o que ele gostaria que estivesse acontecendo.

Vendo o filme, Vitor pôde perceber como o seu desejo fazia com que deturpasse a realidade, ajustando-a ao seu desejo o que permitiu que ele começasse a ficar atento à necessidade de diferenciação entre o desejo e a realidade.

Caso: *Silvia tem 38 anos, casada, tem três filhos, sendo o mais velho do primeiro casamento, desfeito por conta das inúmeras agressões físicas do marido. Nasceu aos 8 meses após o pai ter agredido a mãe grávida com socos e chutes. Faz acompanhamento psiquiátrico para depressão. Chegou à terapia chorando muito e dizendo cuidar de sua insegurança e das inúmeras feridas emocionais.*

Em certa sessão foi pedido a ela que fechasse os olhos e apenas se concentrasse em sua respiração. Enquanto permanecia com os olhos fechados, num dado instante, foi percebido que ela quase havia tocado o próprio braço e afastou a mão rapidamente como se estivesse rejeitando o próprio toque.

Observando a dificuldade de Silvia em tocar o próprio corpo surgiu a lembrança do filme *A garota ideal*, em que Lars, um tímido e solitário rapaz de uma cidade do interior, compra uma boneca inflável (Bianca) e a apresenta a todos como sua noiva. Aos poucos as pessoas da cidade começam a relacionar-se com Bianca como se ela fosse uma pessoa real e a partir disso Lars vai se aproximando das pessoas. A parte do filme relacionada ao caso é a de quando o rapaz leva a noiva a uma médica que percebe o medo dele de ser tocado e uma vez que sente dor física ao mínimo toque. Mais tarde fica claro que a dificuldade do toque estava relacionada às agressões físicas provocadas pelo pai.

Para a cliente, ver o filme significou a possibilidade de encontrar um significado para sua dificuldade de ser tocada, além de acreditar que isso poderia ser cuidado e revertido na terapia.

b. Alguns clientes e suas músicas

Já Sei Namorar
Tribalistas
Compositor: Marisa Monte, Carlinhos Brown, Arnaldo Antunes

Já sei namorar
Já sei beijar de língua
Agora só me resta sonhar
Já sei aonde ir
Já sei onde ficar
Agora só me falta sair

Não tenho paciência pra televisão
Eu não sou audiência para a solidão
Eu sou de ninguém
Eu sou de todo mundo e
Todo mundo me quer bem
Eu sou de ninguém
Eu sou de todo mundo e
Todo mundo é meu também

Já sei namorar
Já sei chutar a bola
Agora só me falta ganhar
Não tem um juiz
Se você quer a vida em jogo
Eu quero é ser feliz

Não tenho paciência pra televisão
Eu não sou audiência para solidão
Eu sou de ninguém
Eu sou de todo mundo e
Todo mundo me quer bem
Eu sou de ninguém
Eu sou de todo mundo e
Todo mundo é meu também

Tô te querendo
Como ninguém
Tô te querendo
Como Deus quiser
Tô te querendo
Como eu te quero
Tô te querendo
Como se quer

Caso: *André tem 25 anos e chegou à terapia se dizendo deprimido com o término do relacionamento com um colega de faculdade. Apesar disso, fala do seu envolvimento com outra pessoa e que se um terceiro se interessasse ele estaria disposto a investir na relação. Questionado pelo terapeuta sobre a incongruência entre a queixa e o relato dos envolvimentos, ele responde que é uma pessoa sem preconceitos e que se interessa por pessoas. André parece não diferenciar as noções de liberdade e libertinagem.*

Apresentar a música teve como objetivo chamar a atenção do cliente sobre a superficialidade de suas relações.

Ciranda da Bailarina
Adriana Calcanhotto
Compositor: Chico Buarque / Edu Lobo

Procurando bem
Todo mundo tem pereba
Marca de bexiga ou vacina
E tem piriri, tem lombriga, tem ameba
Só a bailarina que não tem

E não tem coceira
Verruga nem frieira
Nem falta de maneira ela não tem

Futucando bem
Todo mundo tem piolho
Ou tem cheiro de creolina
Todo mundo tem um irmão meio zarolho
Só a bailarina que não tem

Nem unha encardida
Nem dente com comida
Nem casca de ferida ela não tem

Não livra ninguém
Todo mundo tem remela
Quando acorda às seis da matina
Teve escarlatina ou tem febre amarela
Só a bailarina que não tem

Medo de subir, gente
Medo de cair, gente
Medo de vertigem
Quem não tem

Confessando bem
Todo mundo faz pecado
Logo assim que a missa termina
Todo mundo tem um primeiro namorado
Só a bailarina que não tem

Sujo atrás da orelha
Bigode de groselha
Calcinha um pouco velha
Ela não tem

O padre também
Pode até ficar vermelho
Se o vento levanta a batina
Reparando bem, todo mundo tem pentelho
Só a bailarina que não tem

Sala sem mobília
Goteira na vasilha
Problema na família
Quem não tem é a bailarina

Procurando bem...
Futucando bem...
Confessando bem...
Todo mundo tem...

Caso: *Lara tem 32 anos e veio para a terapia porque, segundo ela, precisava desabafar com alguém que guardasse sigilo. Sempre considerou ter uma vida perfeita e acreditou que o casamento desse continuidade a essa situação. Após seis anos de casamento, estava cansada das traições e depreciações do marido, mas procurava manter a aparência de casal feliz.*

A escolha da música teve como objetivo ajudar Lara a avaliar a motivação para a terapia, se para mudar ou manter o seu "mundo cor de rosa".

Humilde Residência
Cantor: Michel Teló
Compositor: Tiago Marcelo, Malcolm Lima, Luiz Henrique, Fernando

Vou te esperar aqui,
Mas vê se atende o telefone mesmo se for a cobrar.
Hoje eu não vou sair,
Porque meu carro tá quebrado eu não tô podendo gastar.
Quando chegar aqui,
Me dê um grito lá na frente, eu vou correndo te buscar.
Não tem ninguém aqui.
Mas vou deixar a luz acesa.

Já te passei meu celular e o endereço.
Aquele dia que te vi saí de casa.
Eu tô ligado que você sempre me deu uma moral
Até dizia que me amava.
Agora tá mudada se formou na faculdade.
No meu cursinho eu não cheguei nem na metade.
Você tá muito diferente eu vou atrás, você na frente
Tô louco pra te pegar.

Vou te esperar.
Na minha humilde residência,
Pra gente fazer amor.
Mas eu te peço.
Só um pouquinho de paciência,
A cama tá quebrada e não tem cobertor.

Caso: *Débora tem 28 anos, um filho de 4 quatro anos. Seu marido morreu há três anos num acidente de carro. É mantida pelos pais enquanto aguarda a conclusão de uma disputa judicial com a família do falecido. Sempre teve uma vida bastante confortável.*

Veio para a terapia por conta dos problemas no relacionamento com os sogros, que ainda tentam conseguir a guarda do neto.

Iniciou, recentemente, um relacionamento com um rapaz que se mostrava uma pessoa bastante interessante: inteligente, divertido e carinhoso. Foi convidada para ir ao apartamento dele e ficou surpresa com a precariedade das condições do ambiente. Ele disse estar organizando o lugar, embora já estivesse morando ali há 8 meses. Débora tinha dúvida se não estava sendo muito exigente, pelo fato de sempre ter tido muito conforto, e se conseguiria viver naquelas condições.

A música teve como objetivo ampliar a *awareness* da cliente sobre a autenticidade da sua experiência na situação, ao invés de apegar-se a uma noção do que seria certo ou errado.

Jovens Tardes de Domingo
Roberto Carlos
Compositor: Roberto Carlos/Erasmo Carlos

Eu me lembro com saudade
O tempo que passou
O tempo passa tão depressa
Mas em mim deixou
Jovens tardes de domingo
Tantas alegrias
Velhos tempos
Belos dias
Canções usavam formas simples
Pra falar de amor
Carrões e gente numa festa
De sorriso e cor
Jovens tardes de domingo
Tantas alegrias
Velhos tempos
Belos dias

Hoje os meus domingos
São doces recordações
Daquelas tardes de guitarras
Sonhos e emoções
O que foi felicidade
Me mata agora de saudade
Velhos tempos
Belos dias

Velhos tempos
Belos dias
Hoje os meus domingos
São doces recordações
Daquelas tardes de guitarras
Flores e emoções
O que foi felicidade
Me mata agora de saudade

Velhos tempos
Belos dias
Velhos tempos
Belos dias
Velhos tempos
Belos dias

Caso: *Vanessa tem 26 anos, é solteira e mora com os pais. Como o pai tinha uma carreira diplomática, muitas vezes, ela teve que mudar de países, cidades e escolas. Com isso teve que se distanciar dos amigos que foi fazendo por onde passou. Atualmente o pai está aposentado e fixado na cidade. Na terapia deu-se conta de que suas muitas mudanças fizeram com que ela sempre se sentisse saudosa e no momento tendo dificuldade de abrir-se para novas amizades.*

O objetivo de utilizar a música foi o de fazer uma homenagem aos velhos amigos e ajudá-la a atualizar o relacionamento com eles. Isso poderia facilitar sua disponibilidade para construir novas amizades.

A seta e o alvo
Cantor: Paulinho Moska
Compositores: Paulo Correa De Araujo / Nilo Romero

Eu falo de amor à vida, você de medo da morte
Eu falo da força do acaso e você, de azar ou sorte
Eu ando num labirinto e você, numa estrada em linha reta
Te chamo pra festa, mas você só quer atingir sua meta

Sua meta é a seta no alvo
Mas o alvo, na certa não te espera

Eu olho pro infinito e você, de óculos escuros
Eu digo: "Te amo" e você só acredita quando eu juro
Eu lanço minha alma no espaço, você pisa os pés na terra
Eu experimento o futuro e você só lamenta não ser o que era
E o que era? Era a seta no alvo
Mas o alvo, na certa não te espera

Eu grito por liberdade, você deixa a porta se fechar
Eu quero saber a verdade, e você se preocupa em não se machucar
Eu corro todos os riscos, você diz que não tem mais vontade
Eu me ofereço inteiro, e você se satisfaz com metade

É a meta de uma seta no alvo
Mas o alvo, na certa não te espera

Então me diz qual é a graça
De já saber o fim da estrada
Quando se parte rumo ao nada?

Sempre a meta de uma seta no alvo
Mas o alvo, na certa não te espera

Então me diz qual é a graça
De já saber o fim da estrada
Quando se parte rumo ao nada.

Caso: *Norma tem 36 anos, casada, e dois filhos. Veio para a terapia para entender um estranho relacionamento. Ela conta que quando ainda namorava o marido, conheceu um rapaz que inicialmente despertou nela uma certa antipatia que aos poucos se transformou em curiosidade. Ela e o namorado tiveram um desentendimento e ficaram separados por algum tempo. Durante esse período ela e o rapaz se aproximaram e saíram algumas vezes. Ela concluiu que eles não fariam um casal que combinasse, pois pareciam mais uma versão da dama e do vagabundo e que realmente ela amava o namorado. Ela e namorado se casaram e tem uma vida harmoniosa.*

Durante os dez anos em que está casada, por força da profissão, vez por outra ainda encontra o rapaz. Diz estar certa de sua escolha, mas não entende como sente algo estranho quando está próxima a ele.

Depois de algum tempo começou a dar-se conta de que por alguma estranha coincidência quando se encontram parece que é era para lembrá-la de que está faltando leveza, diversão, menos estresse em sua vida.

Quando ouviu a música teve a clareza de que ela e o rapaz formavam polaridades e que sempre um lembraria o que faltava para o outro.

Trem Bala
Cantora: Ana Vilela
Compositora: Ana Vilela

Não é sobre ter
Todas as pessoas do mundo pra si
É sobre saber que em algum lugar
Alguém zela por ti

É sobre cantar e poder escutar
Mais do que a própria voz
É sobre dançar na chuva de vida
Que cai sobre nós

É saber se sentir infinito
Num universo tão vasto e bonito
É saber sonhar
E, então, fazer valer a pena cada verso
Daquele poema sobre acreditar

Não é sobre chegar no topo do mundo
E saber que venceu
É sobre escalar e sentir
Que o caminho te fortaleceu
É sobre ser abrigo
E também ter morada em outros corações
E assim ter amigos contigo
Em todas as situações

A gente não pode ter tudo
Qual seria a graça do mundo se fosse assim?
Por isso, eu prefiro sorrisos
E os presentes que a vida trouxe
Pra perto de mim

Não é sobre tudo que o seu dinheiro
É capaz de comprar
E sim sobre cada momento
Sorriso a se compartilhar
Também não é sobre correr
Contra o tempo pra ter sempre mais
Porque quando menos se espera
A vida já ficou pra trás

Segura teu filho no colo
Sorria e abrace teus pais
Enquanto estão aqui
Que a vida é trem-bala, parceiro
E a gente é só passageiro prestes a partir

Laiá, laiá, laiá, laiá, laiá
Laiá, laiá, laiá, laiá, laiá

Segura teu filho no colo
Sorria e abrace teus pais
Enquanto estão aqui
Que a vida é trem-bala, parceiro
E a gente é só passageiro prestes a partir

Caso: *Felipe tem 28 anos, foi um adolescente rebelde que deu muito trabalho para a família. Os pais eram advogados e bastante preocupados com a estabilidade profissional. O irmão mais velho seguiu a carreira dos pais e a única coisa que interessava a Alberto era a música. Com o tempo de dedicação, seu trabalho permitia que levasse uma vida confortável, porém sem luxo. Todavia ainda sentia a necessidade de mostrar aos pais que estava feliz com sua escolha apesar de não corresponder à deles.*

A música o ajudou a desenvolver uma forma de expressar o que sentia para os pais.

Minha Alma (A Paz Que Eu Não Quero)
O Rappa
Letra: Marcelo Yuka

A minha alma tá armada
E apontada para a cara
Do sossego
Pois paz sem voz, Paz sem voz
Não é paz é medo

Às vezes eu falo com a vida
Às vezes é ela quem diz
Qual a paz que eu não quero
Conservar
Para tentar ser feliz (x4)

As grades do condomínio
São para trazer proteção
Mas também trazem a dúvida
Se é você que está nessa prisão

Me abrace e me dê um beijo
Faça um filho comigo
Mas não me deixe sentar na poltrona no dia de domingo,
Domingo
Procurando novas drogas de aluguel
Nesse vídeo coagido
É pela paz que eu não quero seguir admitindo
É pela paz que eu não quero, seguir
É pela paz que eu não quero, seguir
É pela paz que eu não quero, seguir
Admitindo.

Caso: *Sueli tem 32 anos, é a única entre cinco irmãos que chegou a uma pós-graduação. Tem um emprego estável e uma excelente remuneração. Veio para a terapia para ter coragem de dizer não para a família de origem. Tem muita vontade de ter a própria casa, mas está sempre envolvida com o pagamento das dívidas da família, inclusive com cartões de crédito. Sempre que tenta dizer não, começa uma série de reclamações e acusações, especialmente da mãe, que diz que ela é egoísta.*

Para evitar problemas e manter a harmonia da família ela continua cedendo.

Ouvir a música ajudou a cliente a focar mais atenção no custo da paz que ela preservava.

Filho Único
Erasmo Carlos
Compositor: Erasmo Carlos / Roberto Carlos

Êh, Mãe, não sou mais menino,
Não é justo que também queira parir meu destino,
Você já fez a sua parte, me pondo no mundo,
Que agora é meu dono, mãe, e nos seus planos não está você.
Proteção desprotege e carinho demais faz arrepender.
Êh, Mãe, já sei de antemão, que você fez tudo por mim e jamais quer que eu sofra,
Pois sou seu único filho, mas, contudo, não posso fazer nada,
A barra tá pesada, mãe, e quem está na chuva tem que se molhar.
No início vai ser difícil, mas depois você vai se acostumar.

Caso: *Lucas tem 30 anos, casado há dois anos, veio para a terapia para conseguir resolver o conflito entre a mãe e a mulher. É filho único e depois da morte do pai há 20 anos a mãe passou a se dedicar exclusivamente a cuidar dele. Era tudo muito confortável para ele até que conheceu a esposa e se casou. A mãe insiste em continuar cuidando dele e isso tem gerado muitos problemas com a mulher. Ele diz que sabe que a esposa está certa, mas não quer deixar a mãe chateada.*

Foram muitas sessões até que Lucas começasse a entender que abandonar a própria vida para cuidar dele tinha sido uma opção da mãe. Então ele e a esposa conversaram bastante e resolveram investir em formas de ajudar a mãe de Lucas a encontrar outras formas de satisfação.

A música reforçou no cliente a necessidade de libertar-se dos cuidados da mãe.

Começar de Novo
Ivan Lins
Compositor: Ivan Lins e Vitor Martins

Começar de novo
E contar comigo
Vai valer a pena
Ter amanhecido

Ter me rebelado
Ter me debatido
Ter me machucado
Ter sobrevivido
Ter virado a mesa
Ter me conhecido

Ter virado o barco
Ter me socorrido

Começar de novo
E contar comigo
Vai valer a pena
Ter amanhecido

Sem as tuas garras
Sempre tão seguras
Sem o teu fantasma
Sem tua moldura
Sem tuas escoras
Sem o teu domínio
Sem tuas esporas
Sem o teu fascínio

Começar de novo
E contar comigo
Vai valer a pena
Ter amanhecido

Sem as tuas garras
Sempre tão seguras
Sem o teu fantasma
Sem tua moldura
Sem tuas escoras
Sem o teu domínio
Sem tuas esporas
Sem o teu fascínio

Começar de novo
E contar comigo
Vai valer a pena
Já ter te esquecido.

Caso: *Isabela tem 41 anos e veio para a terapia para tomar uma decisão em relação a um casamento em que o marido era um homem controlador e agressivo. Ele a maltratava e quando ela resolvia separar-se ele se tornava um marido atencioso e romântico. Quando ela pensava que tudo havia mudado ele voltava a ser a mesma pessoa insuportável.*

Com o tempo ela acabou decidindo pela separação. Mesmo depois da separação ele continuava tentando fazê-la desistir, mas segundo ela, agora que estava afastada conseguia ver o quanto a relação tinha sido doentia.

A música ajudou-a a fazer um resumo de seu casamento e reforçar a sua decisão.

Sapato Velho
Roupa Nova
Compositor: Mu / Cláudio Nucci / Paulinho Tapajós

Você lembra, lembra
Daquele tempo
Eu tinha estrelas nos olhos
Um jeito de herói
Era mais forte e veloz
Que qualquer mocinho de cowboy

Você lembra, lembra
Eu costumava andar
Bem mais de mil léguas
Pra poder buscar
Flores de maio azuis
E os seus cabelos enfeitar

Água da fonte
Cansei de beber
Pra não envelhecer

Como quisesse
Roubar da manhã
Um lindo pôr de sol

Hoje, não colho mais
As flores de maio
Nem sou mais veloz
Como os heróis

É talvez eu seja simplesmente
Como um sapato velho
Mas ainda sirvo
Se você quiser
Basta você me calçar
Que eu aqueço o frio
Dos seus pés

Água da fonte
Cansei de beber
Pra não envelhecer

Como quisesse roubar da manhã
Um lindo por de Sol

Hoje não colho mais
As flores de maio
Nem sou mais veloz
Como os heróis
É talvez eu seja simplesmente
Como um sapato velho
Mas ainda sirvo
Se você quiser
Basta você me calçar
Que eu aqueço o frio
Dos seus pés.

Caso: *Yasmin tem 26 anos e, atualmente, em sua terapia, trabalha o desligamento da família de origem para dedicar-se* à *nova condição de casada. O casamento se aproxima. Mas, apesar da grande alegria, vive o pesar de deixar a casa dos pais, onde foi muito feliz. Numa dada sessão ela trouxe o impacto que teve ao olhar o pai e ver que ele tinha envelhecido e imaginar que ele também deveria estar sofrendo com o fato de ver que sua garotinha tinha crescido.*

Ao ouvir a música a cliente se deu conta da necessidade de conversar com o pai, afirmando para ele, e para ela também, que apesar das mudanças o amor entre eles não mudaria.

Galos, Noites e Quintais
Belchior

Quando eu não tinha o olhar lacrimoso
Que hoje eu trago e tenho
Quando adoçava o meu pranto e o meu sono
No bagaço de cana de engenho
Quando eu ganhava esse mundo de meu Deus
Fazendo eu mesmo o meu caminho

Por entre as fileiras do milho verde que ondeiam
Com saudades do verde marinho
Eu era alegre como um rio
Um bicho, um bando de pardais
Como um galo, quando havia
Quando havia galos, noites e quintais
Mas veio o tempo negro e a força fez
Comigo o mal que a força sempre faz
Não sou feliz, mas não sou mudo
Hoje eu canto muito mais

Caso: *Helena tem 38 anos e veio para a terapia por indicação de um psiquiatra, depois de um processo depressivo. Disse que nunca tinha tido depressão e acreditava que isso aconteceu porque não estava conseguindo dar conta do trabalho em uma corporação, onde ocupa um cargo importante. Apesar da competição, da necessidade de cumprir metas e outras cobranças que traziam muita angústia e ansiedade, ela se esforçava para aguentar por conta da excelente remuneração.*

Helena teve uma infância e uma adolescência muito felizes em uma cidade do interior, de onde saiu para estudar. Inteligente e competente não teve grande dificuldade para ascender na carreira. Depois da depressão está repensando o custo de continuar trabalhando na empresa.

A música oferecida pelo terapeuta trouxe para a cliente uma espécie de resumo de sua história, ajudando-a a refletir sobre seus valores prioritários.

Despedida
Roberto Carlos
Compositor: Roberto e Erasmo Carlos

Já está chegando a hora de ir
Venho aqui me despedir e dizer
Em qualquer lugar por onde eu andar
Vou lembrar de você
Só me resta agora dizer adeus
E depois o meu caminho seguir
O meu coração aqui vou deixar

Não ligue se acaso eu chorar
Mas agora adeus
Só me resta agora dizer adeus
E depois o meu caminho seguir
O meu coração aqui vou deixar
Não ligue se acaso eu chorar
mas agora adeus

Caso: *Valentina tem 20 anos e esteve em terapia durante alguns anos. Fez muitos progressos, entre eles o de ter conseguido uma bolsa de estudos para ir estudar em outro país. Em sua última sessão, trouxe a música como uma bela despedida para a terapeuta.*

Exagerado
Cazuza

Amor da minha vida
Daqui até a eternidade
Nossos destinos foram traçados
Na maternidade

Paixão cruel, desenfreada
Te trago mil rosas roubadas
Pra desculpar minhas mentiras
Minhas mancadas

Exagerado
Jogado aos teus pés
Eu sou mesmo exagerado
Adoro um amor inventado

Eu nunca mais vou respirar
Se você não me notar
Eu posso até morrer de fome
Se você não me amar

Por você eu largo tudo
Vou mendigar, roubar, matar
Até nas coisas mais banais
Pra mim é tudo ou nunca mais

Exagerado
Jogado aos teus pés
Eu sou mesmo exagerado
Adoro um amor inventado

Que por você eu largo tudo
Carreira, dinheiro, canudo
Até nas coisas mais banais
Pra mim é tudo ou nunca mais

Caso: *Artur tem 20 anos, tem uma irmã do primeiro casamento do pai e um irmão com o mesmo pai e mãe. É o único que mora com os pais. Se diz bissexual, que a mãe já sabe, mas ainda não teve coragem de revelar ao pai. Diz que se irrita facilmente com as pessoas; que guarda muito rancor e não esquece o que fazem com ele. Diz que é muito intenso e isso aparece nos diversos relatos de brigas, nas muitas mensagens de discussão e deboches nas redes sociais, especialmente em relação ao namorado. Quer morar junto com o namorado e ter dois filhos com uma amiga que é lésbica. Veio para a terapia com a queixa de distúrbio de comportamento (sic).*

Artur escutou a música e concordou que tinha a ver com ele. Pôde refletir sobre o fato de que a expressão de seus sentimentos nem sempre corresponde, em intensidade, a aquilo que realmente está experimentando.

Aquarela
Toquinho

Numa folha qualquer
Eu desenho um sol amarelo
E com cinco ou seis retas
É fácil fazer um castelo...

Corro o lápis em torno
Da mão e me dou uma luva
E se faço chover
Com dois riscos
Tenho um guarda-chuva...

Se um pinguinho de tinta
Cai num pedacinho
Azul do papel
Num instante imagino
Uma linda gaivota
A voar no céu...

Vai voando
Contornando a imensa
Curva Norte e Sul
Vou com ela
Viajando Havaí
Pequim ou Istambul
Pinto um barco a vela
Brando navegando
É tanto céu e mar
Num beijo azul...

Entre as nuvens
Vem surgindo um lindo
Avião rosa e grená
Tudo em volta colorindo
Com suas luzes a piscar...

Basta imaginar e ele está
Partindo, sereno e lindo
Se a gente quiser
Ele vai pousar...

Numa folha qualquer
Eu desenho um navio
De partida
Com alguns bons amigos
Bebendo de bem com a vida...

De uma América a outra
Eu consigo passar num segundo
Giro um simples compasso
E num círculo eu faço o mundo...

Um menino caminha
E caminhando chega no muro
E ali logo em frente
A esperar pela gente
O futuro está...

E o futuro é uma astronave
Que tentamos pilotar
Não tem tempo, nem piedade
Nem tem hora de chegar
Sem pedir licença
Muda a nossa vida
E depois convida
A rir ou chorar...

Nessa estrada não nos cabe
Conhecer ou ver o que virá
O fim dela ninguém sabe
Bem ao certo onde vai dar
Vamos todos
Numa linda passarela
De uma aquarela
Que um dia enfim
Descolorirá...

Numa folha qualquer
Eu desenho um sol amarelo
(Que descolorirá!)
E com cinco ou seis retas
É fácil fazer um castelo
(Que descolorirá!)
Giro um simples compasso
Num círculo eu faço
O mundo
(Que descolorirá!)

Caso: *Jane é uma mulher de 72 anos que veio para a terapia para trabalhar o relacionamento conturbado com os filhos e especialmente lidar com o processo avançado de Alzheimer da mãe, de 95 anos, acamada.*

Numa sessão trouxe a angústia de ver a mãe se anulando, apática em relação ao ambiente à volta e a preocupação de saber se ela estava sofrendo. À medida que falava dos medos em relação à mãe, deu-se conta do temor pelo próprio final de vida. Ao ouvir a música oferecida pelo terapeuta concluiu que a mãe não deveria estar sofrendo porque estava apagando todas as memórias e com isso os sentimentos e ela ainda tinha condições de viver muitas histórias.

9

GOTAS DE EXPERIMENTO

É claro que sempre se espera que o experimento favoreça a ampliação da *awareness* do cliente para além da sessão terapêutica. Todavia a sugestão do experimento só deve acontecer quando o processo de *awareness* já estiver ocorrendo.

O experimento torna mais claro e amplifica a *awareness* do fenômeno, jamais pode ter o objetivo de criar tanto o fenômeno quanto a *awareness* desse.

É sempre bom lembrar que qualquer recurso oferecido ao cliente como forma de experimentação deve ter um objetivo claro para o terapeuta, além de levar em conta as fronteiras de contato do cliente, resumidamente, o que ele é capaz de sustentar fisicamente, aceitar dentro de sua escala de valores e assimilar a partir do seu grau de *awareness*.

Então, todo tipo de histórias, piadas, ditados populares etc. podem ser apresentados ao cliente como qualquer outro experimento.

Segue uma coletânea de histórias que fui escutando por aí e guardando no meu baú.

a. **Ingratidão ou sabedoria**

Um mestre viajou com seu discípulo por muitas estradas desertas.

Estavam cansados e famintos quando avistaram ao longe um casebre muito deteriorado. Resolveram ir até lá para tentar conseguir um pouco de alimento e um abrigo por algumas horas.

Foram recebidos muito alegremente pelo dono da casa que os serviu com o melhor do pouco que havia na casa.

Alimentados e descansados se puseram a conversar. O mestre então perguntou ao dono da casa como eles conseguiam viver naquele local tão inóspito. O dono da casa respondeu que ele possuía uma vaquinha que além de fornecer leite para a família, também produzia o necessário para levarem ao vilarejo e trocarem por alimentos e insumos.

Chegou a hora da partida e o mestre pediu ao discípulo que fosse nos fundos da casa e atirasse a vaca do penhasco perto de onde ela pastava. O discípulo ficou indignado com o pedido do mestre:

— Que ingratidão com o pobre homem que os havia recebido tão bem! — O mestre impassível disse apenas: — Vá e faça.

Muito a contragosto o discípulo atendeu à ordem do mestre e eles seguiram seu caminho.

Muitos anos depois mestre e discípulo passaram pela mesma estrada e no lugar do casebre encontraram uma fazenda muito bonita e moderna.

Ao chegar a casa viram que o dono era o mesmo que os havia acolhido há tempos. A receptividade foi a mesma, só que agora com muita fartura.

Quando mestre e discípulo já estavam alimentados e descansados começaram a conversar com o anfitrião sobre as mudanças que haviam ocorrido.

O mestre, então, falou para o dono da casa:

— Viemos aqui há alguns anos e neste lugar havia uma casa muito pobre e agora encontramos uma bela fazenda. O que aconteceu?

O dono da casa com muita simplicidade respondeu:

— Pois é, né, moço? O sr. acredita que no mesmo dia que vocês foram embora a nossa vaquinha caiu do penhasco e morreu? Então, como já não tinha a vaquinha para dar leite, tivemos que buscar outras maneiras para sobreviver e aos poucos fomos descobrindo formas não apenas de nos sustentar como também de produzir para venda e com isso construímos essa fazenda.

Para os clientes que precisam questionar sobre o quanto a ajuda que dão pode impedir o desenvolvimento de outra pessoa.

b. **Cu pra jabuticaba**

Era uma vez um macaco muito guloso.

Tão guloso que um dia ele comeu um abacate com caroço e tudo.

Na hora de evacuar foi aquele desastre para pôr para fora aquele mega caroço.

Isso o deixou muita traumatizado.

Um dia ele resolveu comer uma jabuticaba, e quando percebeu que ela tinha caroço ele se lembrou do sufoco com o abacate.

De repente ele teve uma ideia brilhante: enfiou a jabuticaba no "fiofó" e testou. Se entrasse podia sair. Assim ele descobriu como evitar outros sofrimentos.

Essa história pode ser útil para a pessoa que tem o hábito de assumir compromissos que não consegue administrar. Quando ela começa a dar-se conta do desgaste ou sofrimento que esse hábito gera.

c. Jogar o bebê junto com a água suja do banho

Contam que na Idade Média os banhos eram muito raros. Quando aconteciam eram tomados numa tina de água compartilhada por toda a família seguindo a ordem de prioridade do pai para o filho mais novo, que geralmente era um bebê. Como ao término dos banhos a água já estava imunda não seria difícil que um bebê fosse "perdido" ali e descartado com a água suja.

Essa história pode ser utilizada para chamar a atenção da pessoa que descarta pessoas, situações ou objetos levando em conta apenas o que é ruim e desconsiderando o que é bom.

d. Sopa de pedra

Um viajante já havia percorrido um grande caminho e todos os alimentos que possuía terminaram de modo que só lhe restou um caldeirão de ferro.

Por alguns lugares pediu comida, mas não foi atendido. Depois de muitas recusas e com a fome aumentando teve uma ideia. Procurou um local para fazer uma fogueira de onde pudesse ser visto. Colocou água na panela e quando começou a fervura pôs uma pedra dentro e se pôs a mexer. Isso começou a despertar a curiosidade de algumas pessoas. Uma delas se aproximou e perguntou ao viajante o que ele fazia e ele disse que estava preparando uma sopa de pedra. Disse sobre o quanto essa sopa era deliciosa e que ficaria melhor ainda se tivesse cenouras, mas que ele não tinha. Curiosa a pessoa trouxe as cenouras que foram colocadas na água. Outros curiosos foram se aproximando e a mesma cena se repetiu para batatas, cebolas, beterrabas etc.

Ao final do cozimento, todos provaram e elogiaram a maravilhosa sopa de pedra.

Existem pessoas que são como uma sopa de pedras, o que elas têm de bom nada mais é do que aquilo que projetamos nela.

e. Gambiarra

Um pavão com sua linda plumagem olha para o céu, vê um urubu e diz:

— Do que adianta ter essa linda plumagem se não consigo voar.

Ao mesmo tempo o urubu olha para a terra e diz:

— Do que me vale voar se não tenho a beleza do pavão.

Então resolveram ter uma cria juntos para que ela pudesse unir a beleza do pavão com a capacidade de voar do urubu. No final, nasceu uma ave tão feia quanto o urubu e que não voava como o pavão.

Essa história serve para aqueles que acreditam que devem investir na busca da perfeição.

f. Universidade de urubus

Houve uma época em que os urubus eram os animais superiores do planeta.

É claro que isso fazia com que se preocupassem com a transmissão da sua cultura. Por isso criaram a universidade, para a qual se inscreveram todos os animais.

No dia da aula inaugural o catedrático pós-doc. professor Urubu Rei ministrou uma palestra sobre a carniça. Nela o também Magnífico Reitor discorria sobre os benefícios da ingestão da carniça, sobre o seu aspecto atrativo, seu sabor delicioso e o aroma inebriante.

Todos aplaudiam maravilhados, menos um periquito que começou a sentir náuseas e ficar inquieto até que não aguentou mais e retirou-se do auditório.

Estava ele pousando num galho com suas ânsias de vômito quando outra ave se aproximou e perguntou o que havia acontecido, e o pobre periquito diz:

— Eu sou um fracasso, sou um burro, sou incapaz. O grande Urubu dando uma palestra formidável em que foi ovacionada por todos e eu olhava para a carniça e só via uma coisa feia, fedida e repugnante. Está vendo como eu sou um inútil?

Moral da história: Em terra de urubu, periquito é sempre um urubu de segunda.

Essa história é para aqueles que se culpam e menosprezam a si mesmos por não pensarem igual às pessoas que estão numa posição de autoridade.

g. Perdeu onde?

Era noite e um policial que estava de serviço começou a observar um homem que andava de um lado para o outro, debaixo de um poste de luz.

Intrigado, o policial se aproxima e pergunta o que estava acontecendo e o homem responde que havia perdido seu relógio.

O policial prontificou-se a ajudá-lo na busca até que depois de algum tempo ele resolveu perguntar ao homem:

— Você tem certeza de que perdeu seu relógio aqui?

E o homem respondeu apontando para outra direção.

— Eu perdi lá, mas como lá está escuro, eu estou procurando aqui.

Para as pessoas que mesmo sabendo que a resposta que precisam não está onde procuram, continuam insistindo porque sabem que a busca não será fácil.

h. Em cima do muro

Um homem estava sentado em um muro. De um lado estava Deus e do outro o Diabo.

Deus o convidava o tempo todo para que saltasse para o seu lado enquanto o Diabo se mantinha imóvel.

O homem então deduziu que se Deus precisava fazer tanto esforço para convencê-lo enquanto o Diabo estava despreocupado então, o lado do Diabo deveria ser o melhor.

Assim, resolveu desceu para o lado do Diabo e já foi logo pisando em brasas, esbarrando em arame farpado e toda sorte de expiações. Revoltado, decidiu reclamar com o Diabo:

— Por que você não me chamou?

E o Diabo respondeu:

— Porque em cima do muro também é meu território.

Para as pessoas que apostam na omissão como forma mais confortável de se colocar numa situação, acreditando que isso pode isentá-las de responsabilidade. Não entendem que não escolher também é uma escolha.

i. Anjos de Deus

Um homem muito religioso sonhou que aconteceria uma catástrofe, mas que ele poderia ficar tranquilo pois Deus enviaria um anjo para salvá-lo.

No dia seguinte, ao acordar, soube que a barragem próxima à sua casa estava prestes a romper e que havia um aviso de evacuação.

Uma equipe de voluntários chegou comunicando a necessidade de abandonar a casa e ele disse que não porque Deus iria mandar um anjo para resgatá-lo.

A represa começou a se romper e a água a invadir a cidade.

A segunda equipe com os bombeiros, chegou de barco e foi recebida com a mesma negativa e explicação dada a primeira equipe.

Em poucas horas a água já tinha subido até a altura dos telhados das casas.

A terceira equipe chegou de helicóptero e avisou que essa seria a última tentativa de resgatá-lo e ele respondeu da mesma forma que respondeu para as duas equipes anteriores, que Deus mandaria um anjo para salvá-lo.

A água continuou subindo e o homem acabou morrendo afogado.

Ao chegar ao céu resolveu reclamar diretamente a Deus por não ter cumprido o prometido.

— O Sr. Me prometeu que mandaria um anjo para me salvar e não mandou.

Então Deus respondeu:

— Como assim não mandei? Eu mandei três anjos.

Para as pessoas que acreditam que a ajuda só poderá vir da forma que imaginam.

j. O elefante preso

Atualmente, os circos são proibidos de manterem animais, mas na época em que isso era permitido, um repórter foi fazer uma matéria sobre o circo e ficou surpreso ao ver um elefante imenso que estava com uma das patas amarrada num pequeno toco de madeira.

Intrigado, perguntou ao tratador como era possível um animal tão grande e forte não se soltar facilmente.

O tratador explicou que o elefante foi amarrado ao toco ainda muito pequeno. Ele tentou se soltar muitas vezes e acabou desistindo porque o toco era muito resistente para ele naquela época. Com o passar do tempo ele não tentou mais escapar comportando-se como se ainda fosse um filhote impotente.

Essa história é indicada para aquelas pessoas que introjetam dificuldades ou impossibilidades de acordo com suas experiências infantis e crescem acreditando nisso. Quando adultas ainda se comportam como se fossem crianças incapazes de lidar com seus problemas e não levando em conta habilidades e aprendizagens desenvolvidas ao longo da vida. Elas precisam atualizar-se a si mesmas.

k. **Nem tudo é o que parece**

Um rato estava fugindo do gato e pediu ajuda à vaca. A vaca deu uma cagada e o rato vendo o gato se aproximar mergulhou na merda, mas deixou o rabo de fora.

O gato viu, pegou o rabo do gato, sacudiu e engoliu.

Mora da história, que são três:

1. Nem todo mundo que te põe na merda está te prejudicando.

2. Nem todo mundo que te tira da merda está te ajudando.

3. Mas, se você tiver que mergulhar, mergulhe inteiro.

Essa história é indicada para aquelas pessoas que não conseguem discernir que por exemplo, uma pessoa pode ajudar mais fazendo uma crítica verdadeira do que fazendo um elogio falso.

d. **Saber falar**

Um homem fez um espermograma e levou o resultado para o médico.

Ao verificar as taxas do exame o médico disse que lamentava, mas que deveria informá-lo que uma vez que sua contagem de espermas era zero, ele era considerado estéril.

O homem não se conformou com o veredicto do médico, apesar das explicações deste e disse que iria procurar outro profissional.

Desceu as escadas do consultório que ficava num sobrado, atravessou a rua indo na direção de outra escada onde podia ser lido no alto: UROLOGISTA.

O médico que o havia atendido viu o movimento do cliente da sua janela e aguardou a saída dele.

Como o cliente saiu com uma expressão muito feliz, o médico não se conformou e resolveu ir procurar o colega. Afinal, como ele poderia dar um resultado diferente dos exames. Assim o fez.

O médico era um sujeito calmo e com todo jeito de ter bastante experiência no ofício. Recebeu o colega que disse a ele o que havia acontecido.

O médico experiente disse que o cliente havia estado lá levando todos os exames e contando toda a experiência com o primeiro médico.

O primeiro médico disse:

— Então você viu os resultados do exame, e é claro que só pode ter concordado com o meu diagnóstico.

O médico experiente responde:

— É claro, os exames são categóricos.

O primeiro médico diz:

— Eu só não consigo entender por que ele saiu do meu consultório tão revoltado e tão sorridente do seu.

O médico experiente sorri e diz:

— Colega, é tudo uma questão de como se fala e não sobre o que se fala. Eu só disse para ele que ele não tinha "porra nenhuma".

Para os clientes que acham que o conteúdo de suas ideias é mais importante do que a forma como são apresentadas.

e. **Mãe judia ou iídiche mama**

A mãe judia é um personagem bastante característico do humor judaico.

Ela é representada como uma senhora que superprotege o filho e para quem nunca alguma coisa é boa o suficiente. Está sempre "pegando no pé" do filho e sempre o culpando por fazê-la infeliz, mas ao mesmo tempo acha que o filho é sempre o melhor em tudo.

Sabemos que existem muitas iídiche mamas que não são judias.

A mãe judia deu duas gravatas para o filho, uma azul e outra vermelha.

O filho resolveu vestir a gravata azul e quando a mãe o vê diz com voz de lamento:

— Por que você não gostou da gravata vermelha que eu te dei?

Para aquelas pessoas que estão sempre cobrando a perfeição dos outros ou para aquelas que vivem se sentindo culpadas porque nunca conseguem atender as expectativas de outra pessoa.

f. O otimista e o pessimista

Um homem tinha dois filhos, um otimista e um pessimista.

No Natal o pai deu uma bicicleta para o filho pessimista e um monte de estrume para o filho otimista.

Quando os irmãos acordaram pela manhã foram logo ver seus presentes. Quando o pessimista viu que havia ganho uma bicicleta começou a reclamar: - Que droga, ganhei uma bicicleta! Vou levar minha namorada para passear, vou cair e além de me machucar ela ainda vai terminar comigo. Que droga!

Nisso ele vê o otimista correndo todo feliz e pergunta:

— O que você ganhou?

E o otimista responde:

— Eu ganhei um cavalo, você o viu por aí?

"Nós não vemos as coisas como elas são, mas como nós somos." (Talmude)

Para as pessoas que nunca se permitem estar plenamente satisfeitas.

g. Ideia brilhante

Os ratos fizeram uma assembleia para discutir como poderiam se prevenir dos ataques de um gato que os perseguia constantemente, o que causava grande stress na comunidade.

Depois de muitas sugestões um rato trouxe a ideia de colocar um guizo no pescoço do gato porque pelo barulho poderiam perceber a aproximação dele se esconderem com mais tranquilidade. Todos aplaudiram entusiasticamente a solução até que um rato pergunta:

— Quem vai colocar o guizo no pescoço do gato?

Para as pessoas que precisam levar em conta que uma solução embora muito interessante só poderá ser útil se existir a possibilidade de executá-la.

h. Dogmas

Dois monges, um mestre e um discípulo, percorriam uma estrada e conversavam sobre seus preceitos. Falavam do fato de ser proibido que tocassem em uma mulher quando escutaram os pedidos de socorro de uma mulher que estava se afogando num rio. O mestre não titubeou e saltou na água, apesar dos gritos do discípulo avisando-o da quebra do preceito.

O mestre trouxe a mulher nos braços e a colocou em segurança em terra firme. Verificou se ela precisa de mais alguma ajuda e diante da negativa da mulher resolveu retornar à caminhada. Enquanto andavam o discípulo continuou questionando o mestre pela quebra do preceito até que depois de muito tempo em silêncio se volta para o discípulo e diz:

— Eu toquei a mulher durante o tempo suficiente para salvar-lhe a vida, agora você continua tocando nela até agora.

Para pessoas que são tão apegadas aos dogmas que não conseguem discernir o quanto esse apego pode impedir os atos de bondade e solidariedade, por exemplo.[10]

i. Trocar com quem?

Um português era o único passageiro de um ônibus. Além dele só estavam o motorista e o cobrador. Chovia bastante e havia uma goteira exatamente em cima de onde o português estava sentado.

O trocador observou a situação durante algum tempo e incomodado com a passividade do português pergunta:

— Por que você não troca de lugar?

E o homem respondeu:

— Mas *trocaire* com quem?

---

[10] As piadas de português são um patrimônio do humor brasileiro, como certamente nós, brasileiros, damos muito material para que eles façam piadas sobre nós. Me desculpem as patrulhas do politicamente correto, mas são engraçadas.

Para as pessoas que são tão rígidas que não conseguem considerar a variedade de soluções que um problema pode ter.

j. Decorar não é compreender

Um português chamado Manuel foi passar uma temporada em Portugal para visitar a família, quando recebeu uma mensagem do amigo Joaquim que havia ficado no Brasil:

— Seu gato morreu.

Manuel ficou muito chocado não só pela notícia como pela maneira direta como foi dada.

De volta ao Brasil foi conversar com Joaquim para explicar-lhe a necessidade de ser mais cuidadoso com a forma de dar notícias ruins. Disse que Joaquim poderia ter dado a notícia em etapas. Por exemplo: primeiro dizer que o gato havia subido no telhado; depois dizer que o gato havia caído do telhado; depois dizer que o gato estava muito mal e finalmente dizer que o gato havia morrido. Assim ele poderia ter se preparado para o trágico desfecho.

Tempos depois foi a vez de Joaquim ir a Portugal e depois de algum tempo soube que a mãe de Manuel havia morrido e que ele tinha sido incumbido de dar a notícia.

Joaquim lembrou da conversa com Manuel e mandou-lhe a seguinte mensagem:

— Manuel, sua mãe subiu no telhado.

k. Decorar não é aplicar

Um homem encontrou um amigo que estava fazendo umas aulas para melhorar a gagueira e disse:

— Então amigo, me mostre o seu progresso nas aulas.

O amigo respondeu:

— O rrato rroeu a rroupa do rrei de RRoma.

O homem diz:

— Que beleza!

E o amigo:

— SSim. Sósó quequero ver cocolocar iisso em fafrase quaqualquer.

Para as pessoas que buscam fórmulas para resolver seus problemas sem aprofundarem-se no entendimento deles. Não entendem que não basta decorar, é preciso compreender a situação.

1. A princesa que bordava e o príncipe que desbordava

Era uma vez uma princesa que tinha uma agulha mágica. Com essa agulha ela era capaz de bordar lindas paisagens: céus com sois e aves voando; céus noturnos com estrelas; mares com lindas praias de coqueiros e recifes; rios com cachoeiras e pedras cantantes; campos, vales e morros; flores multicoloridas e animais belos e alegres.

Ela se sentia quase realizada. Para ela só faltava um príncipe com quem acreditava poder criar muitas outras cenas com crianças e brinquedos.

Um dia surgiu um lindo príncipe em seu cavalo branco que além de dizer belas palavras também sabia cantar muito bem, além de também ter uma agulha mágica.

A princesa ficou encantada pois havia encontrado que lhe faltava.

Casaram-se numa cerimônia que a princesa bordou com muito amor e esmero.

O tempo foi passando e a princesa continuava apaixonada e só tinha olhos para o príncipe. Lentamente ela começou a experimentar uma sensação de vazio, mas não se atinha a essa sensação porque ainda estava hipnotizada pelos encantos do príncipe.

Apesar da pouca atenção da princesa a sensação de vazio foi aumentado até que ela começasse a desviar um pouco o olhar para o príncipe e olhasse em torno dela. Foi percebendo aos poucos que seus lindos bordados estavam desaparecendo. Quanto mais ela se dava conta da sensação de vazio, mais constatava o sumiço dos bordados. Cada vez mais intrigada com o que estava acontecendo, menos hipnotizada com os encantos do príncipe, até que um dia descobriu que a agulha mágica do príncipe era de desbordar. Doeu muito para a princesa mandar o príncipe ir embora, mas ela não podia viver sem suas paisagens bordadas.

Levou algum tempo para a princesa compreender como tinha se enganado tanto. Ela bordou uma fada que tinha os dotes da Psicologia e pode descobrir que mais importante do que a beleza do príncipe era ver o que a agulha mágica dele era capaz de fazer.

Enfim ela estava preparada para criar novas histórias.

Para aqueles que ficam mais ligados no poder de sedução de outra pessoa e não prestam atenção no prejuízo que ela é capaz de causar.

m. **A fábula do porco-espinho** (baseada na parábola do filósofo alemão Arthur Schopenhauer).

Durante a era glacial, muitos animais morriam por causa do frio.

Os porcos-espinhos, percebendo a situação, resolveram se juntar em grupos, assim se agasalhavam e se protegiam mutuamente, mas os espinhos de cada um feriam os companheiros mais próximos, justamente os que ofereciam mais calor.

Por isso decidiram se afastar uns dos outros e começaram de novo a morrer congelados.

Então precisaram fazer uma escolha: ou desapareciam da Terra ou aceitavam os espinhos dos companheiros.

Com sabedoria, decidiram voltar a ficar juntos.

Aprenderam assim a conviver com as pequenas feridas que a relação com uma pessoa muito próxima podia causar, já que o mais importante era o calor do outro.

E assim sobreviveram.

Para aqueles que precisam compreender que os relacionamentos harmônicos não são baseados em pessoas perfeitas, mas na capacidade de lidar com as diferenças a partir da convicção de que os ganhos superam os inerentes aborrecimentos.

n. **Resiliência**

Um burro caiu num poço fundo o suficiente para que não conseguisse sair sozinho e para as possibilidades de ser resgatado. Ele já estava se conformando com a ideia de morrer ali e as pessoas que viam seu sofrimento resolveram abreviá-lo jogando terra dentro do poço.

Quando as primeiras pás de terra caíram sobre o burro ele apenas se incomodou com a terra sobre o corpo e se sacudiu. Assim fez algumas vezes até que começou a observar que toda vez que sacodia uma porção de terra acabava se elevando do fundo. Continuou repetindo a ação até que as pessoas perceberam o que acontecia e incrementaram o lançamento da terra até que o burro conseguiu chegar numa altura em que pudesse ser resgatado.

"Enquanto há vida, há esperança" ou "O jogo só termina quando o juiz apita o final".

Para as pessoas que precisam simplesmente não se abater diante das dificuldades.

10

FRASES DE EFEITO

- Todo fodão é um fodido.
- Todo bicho que tem pena toma no rabo.
- A maldade do bonzinho é ser bonzinho.
- O pulo do gato é o gato.
- O pior louco é aquele que quer pôr ordem no hospício.
- Explicação é uma palavra que quer ser mais importante do que uma frase (Ziraldo).
- Só atiram pedras em árvores que dão frutos.
- Figurinha repetida não completa álbum.
- Você é o último dos bons ou o primeiro dos ruins? (Tina Geller)
- Com quantas cores uma pessoa tem que se pintar para um cego enxergá-la?

11

LIVROS

Alguns livros são catalogados como livros infantis, mas suas histórias trazem temas que ilustram muitas questões adultas.

Seguem alguns títulos:

Flicts
Ziraldo, Editora Melhoramentos

Conta a história de uma cor que busca descobrir sua identidade porque não é como qualquer uma das cores do arco íris e nenhuma outra cor conhecida.

A flor do lado de lá
Roger Mello, Editora Global

É a história de um animalzinho que insiste em alcançar uma flor que se mostra inacessível e não percebe um jardim de flores, iguais à esta, que estão às suas costas (descobrir qual é o animal também faz parte da história).

Pedro e Tina (uma amizade muito especial)
Stephen Michael King, Editora Brinque-Book, 1999

Conta a amizade entre um menino que faz tudo errado e uma menina que faz tudo certinho e como eles podem se completar.

O homem que amava as caixas
O (livro Digital Em Dvd): COM LIBRAS
Stephen Michael King, Editora BRINQUE BOOK

Pai e filho adoram caixas, mas o pai tem muita dificuldade de dizer que ama o filho.

O príncipe sem sonhos
Márcio Vassallo, Editora Brinque-Book, 1999

É a história de um príncipe que tem tudo, mas é muito triste porque não tem um sonho.

Dois idiotas sentados cada qual no seu barril
Coleção Procurando firme: Histórias de Ruth Rocha
Ruth Rocha, Editora Ática, 1999

Dois homens sentados cada qual num barril de pólvora e segurando, cada um, uma vela, discutem.

A Fada Afilhada
Márcio Vassalo, Editora Global

Nesta história, quem cuida de todos, mas não tem ninguém para cuidar dela, é a fada madrinha Beatriz. De tanto cuidar e cuidar, acabou se descuidando e foi ficando com uma terrível dor nas costas, que a deixou tão torta quanto um ponto de interrogação.

REFERÊNCIAS

A FÁBULA do Porco-espinho. **Aurelio.net**, [s. l., 201-?]. Disponível em: https://aurelio.net/email/a-fabula-do-porco-espinho.html. Acesso em: 24 mar. 2025.

BELLO C. A. **Guía práctica para elaborar talleres vivenciais:** 9 talleres a punto. Buenos Aires: RV Ediciones, 2014.

BRUNS, M. A. T. Psicologia e Fenomenologia: a redução fenomenológica em Husserl a possibilidade de superar impasses da dicotomia subjetividade-objetividade. *In*: BRUNS, M. A. T.; HOLANDA, A. F. (org.) **Psicologia e Fenomenologia**: reflexões e perspectivas. Campinas: Editora Alínea, 2007. p. 65-76.

CARABELLI, E. **Entrenamiento em Gestalt**: manual para terapeutas y coordenadores sociales. Buenos Aires: Editorial Del Nuevo Extremo, 2013.

CROCKER S. F. Proflexão. **Gestalt Journal**, v. 4, n. 2, 1984.

CRUZ, M. do C. C.; FIALHO, M. T. A caixa de areia: técnica projetiva e método terapêutico. **Aná. Psicológica**, v. 16, n. 2, p. 231-241, 1998.

GINGER, S. **Sonhos em Gestalt.** Capítulo 7. Workshop apresentado por Serge Ginger. IGTA – Montreal, 2000.

GINGER, S.; GINGER, A. **Gestalt**: uma terapia do contato. São Paulo: Editora Summus, 1995.

GINGER, S. **Gestalt**: a arte do contato. Petrópolis: Editora Vozes, 2007.

HORNEY, K. **Neurose e desenvolvimento humano.** Rio de Janeiro: Editora Civilização Brasileira, 1974.

HYCNER, R. **De pessoa a pessoa**: psicoterapia dialógica. São Paulo, Ed. Summus, 1995.

KEPNER, J. **Body Process**: A Gestalt approach to working with the body in psychotherapy. New York, Gardner Press, Inc. 1987.

NARANJO, C. **La vieja y novisima Gestalt**: actitud y prática. 9. ed. Santiago: Cuatro Vientos, 2006.

PERLS, F. **Abordagem gestáltica e testemunha ocular da terapia.** São Paulo: Editora LTC, 1973.

PERLS, F. **Ego, fome e agressão**: uma revisão da teoria e do método de Freud. São Paulo: Editora Summus, 2002.

PERLS, F.; HEFFERLINE, R.; GOODMAN, P. **Gestalt-Terapia**. São Paulo: Editora Summus, 1977.

PERLS, F. **Gestalt-terapia explicada**. São Paulo: Editora Summus, 1997.

PINTO, Ê. B. **Elementos para uma compreensão diagnóstica em psicoterapia.** São Paulo: Editorial Summus, 2015.

POLSTER, M.; POLSTER, E. **Gestalt-Terapia integrada**. São Paulo: Editora Summus, 2001.

RANK, O. **El trauma del nacimiento**. Buenos Aires: Editorial Paidós, 1961.

RIBEIRO, J. P. **O ciclo do contato**: temas básicos na abordagem gestáltica. São Paulo: Editora Summus, 1997.

STEVENS, J. O. **Tornar-se presente.** Experimentos de crescimento em Gestalt-terapia. São Paulo: Ed. Summus, 1988.

TOURINHO, C. D. C. O lugar da experiência na fenomenologia de E. Husserl: de prolegômenos a ideias. **Trans/Form/Ação,** Marília, v. 36, n. 3, p. 35-52, 2013.

YONTEF, G. M. **Processo, Diálogo e *Awareness*.** São Paulo: Editora Summus, 1998.

ZINKER, J. **Processo criativo em Gestalt-terapia.** São Paulo: Editora Summus, 2007.